한국어로 읽는 한국의 옛날이야기

韓国語で楽しむ 韓国昔ばなし

キム・ヒョンデ

IBCパブリッシング

装　幀＝浅井麗子

イラスト＝이송 LEE SONG

ナレーター＝소리와사람들 SORIWASARAMDL

はじめに

「昔々あるところに…」で始まる昔ばなしは、語り手の祖父母、父母から子、孫へと何世代にもわたって語り継がれてきたものです。本書では韓国人なら誰でもなじみのある、韓国を代表する昔ばなしを５編あつめ、シンプルな韓国語にまとめました。

韓国の昔ばなしは、韓国の粋と韓国人が昔から大切にしてきた思想を盛り込んでいながらも、同じ漢字文化圏の日本人にとっても、まったくなじみのない話ではないと思います。本書の「親孝行な虎」「日と月になった 兄妹」「王様の耳はロバの耳」「タニシのお嫁さん」「三年峠のおじいさん」もそうです。

本書で掲載されている韓国語は、シンプルですが、何百回声に出して読んでも耐えられる、むしろ読めば読むほど味わいが出てくる、そんな文章になっています。簡単な表現ですが、深い意味が込められ、美しい調べと楽しいリズムに満ちています。きっと声に出して読むことも、苦にならないはずです。

韓国語を話せるようになりたかったら、まずは韓国語を口に出して練習する「音読」が効果的です。発音だけでなく、イントネーションやリズムなど、最初はまねでもかまいません。何度もくり返し音読するようにしましょう。そうすることで、いつしかネイティブのような韓国語が口から出てくるようになってきます。

本書が皆さんの韓国語の学習に役立つことを願っています。

音読によって、頭の中に韓国語回路をつくる！

音読は、テキストを読むことで「目」を、声に出すことで「口」を、自分が音読した声を聞くことで「耳」を使っています。脳のメカニズムからも、より多くの感覚を使った方が、記憶力が良くなることがわかっています。

音読は脳のウォーミングアップになり、学習能力が高まります。前頭前野を全体的に活性化させる音読には、抜群の脳ウォーミングアップ効果があり、脳の学習能力、記憶力を高めるという実証済みのデータがあります。

トレーニングメニュー基礎編　リスニング力強化

以下の手順で、トレーニングを行ってください。音読による韓国語回路の育成が、リスニング力の向上につながることが実感できるはずです。

1 CDを聴く

本書に付属のCD-ROMには、それぞれの話を通しで収録したものと、1話の中で段落や会話の区切りといった、短いトラックごとに音声ファイルを分けたものがあります。まず、1話を通しで聴いて、どの程度理解できるかを確認してください。

2 日本語訳の音読

日本語訳を、内容を理解しながら音読しましょう。

3 細かいトラックごとに韓国語の文の音読

トラックごとに短く分けられた音声ファイルを使って、韓国語の文を目で追いながら、単語の発音を確認しましょう。次に、そのトラックの韓国語の文を音読します。この韓国語の文の音読を最低で3回は繰り返してください。

韓国語の文を音読する際に大切なことは、気持ちを込めて意味を感じながら声に出すことです。登場人物になりきって、魂を込めて音読すると、身体に染み込む度合いが高まります。

4 通しで聴く

再度、1話を通しで聴いて、どの程度内容を理解できるようになったかを確かめてください。

5 トラックごとに聴き直す

4で理解しづらかったトラックのファイルを再度聴き直し、さらに音読を繰り返してください。韓国語がはっきり、ゆっくりと聞こえてくるようになるはずです。

トレーニングメニュー応用編 読む、話す、書く力の強化

基礎編の後に以下のトレーニングを加えることで、リーディング力・スピーキング力・ライティング力を高めることができます。

● 韓国語の文の黙読でリーディング力アップ

韓国語の文を声に出さずに、なるべく速く黙読します。

目を韓国語の文の途中で止めたりせずに、左から右に流れるように動かしながら、韓国語の文の内容を理解していきます。

● シャドウイングでスピーキング力アップ

シャドウイングとは、テキストを見ずに、聞こえてきた韓国語をわずかに遅れながら話していくトレーニングです。影のようについていくことから、シャドウイングと呼ばれています。英語の習得によく使われている方法です。

短く分けたトラック・ファイルを順番に流しながら、そのファイルごとにシャドウイングに挑戦してみましょう。意味を理解しながら、CDに遅れずに話すことが目標です。

● 韓国語文の速写でライティング力アップ

トラックごとに、テキストを見ながら音読し、次に、テキストを見ずに韓国語の文を声に出しながらノートに書きます。

「話すように書く」のがライティングの基本です。声に出すことで、身に付いた韓国語のリズムを助けとすることができ、さらに書くことによって、語彙・文法が定着してきます。

以上のようなトレーニングを繰り返せば、自分の脳の中に徐々に韓国語回路が育成され、それに応じて韓国語力が高まっていきます。

音読のつぼ

ハングルは表音文字なので文字の通りに発音しますが、日本語のひらがなとは異なり「パッチム」があるため、発音が変わる場合があります。その代表的な韓国語の発音規則を以下にご紹介します。

つぼ その1

[1] 音節の終わりの音のルール①

韓国語のパッチムの音は［ㄱ, ㄴ, ㄷ, ㄹ, ㅁ, ㅂ, ㅇ］の7つの子音だけで発音する。パッチム「ㄱ, ㄲ, ㅋ」の代表音は［ㄱ］で、「ㄷ, ㅌ, ㅅ, ㅆ, ㅈ, ㅊ, ㅎ」は［ㄷ］、「ㅂ, ㅍ」は［ㅂ］で発音する。

例）책[책]　밖[박]　부엌[부억]　닫[닫]　밭[받]　옷[옫]　갔[갇]　낮[낟]
　꽃[꼳]　놓[녿]　밥[밥]　잎[입]

[2] 音節の終わりの音のルール② [二重パッチム]

二重パッチムの後ろに子音がつくと、二つのパッチムのうちの一つが代表音として発音される。

例) 몫 [목]　앉다 [안따]　닭 [닥]　읽다 [익따]　여덟 [여덜]

つぼ その2

[1] 連音現象①

先行音節のパッチムの発音の後ろに母音で始まる音節が続く時、前の音節のパッチムの発音が後ろの音節の最初の音節に続いて発音される。

例) 수건이에요 [수거니에요]　직업이 뭐예요 [지거비 뭐예요]　선생님이에요 [선생니미에요]

[2] 連音現象②

二重パッチムの後ろに母音がつくと、二つのパッチムをそれぞれ分けて発音する。この時、2つ目のパッチムは次の音節の最初の音になる。

例) 읽어요 [일거요]　앉으세요 [안즈세요]　짧아요 [짤바요]

[3] 節音現象

合成語や単語の間で前のパッチムに母音が続くとき、パッチムがその母音に連音されずに、代表音として発音される。

例) 옷 안 [옫 안]　몇 인분 [멷 인분]　꽃 이름 [꼳 이름]

つぼ その3

[1] 子音同化①

先行音節のパッチムの音が「ㄱ, ㄷ, ㅂ」で終わり、続く後行音節が鼻音化系列の子音「ㄴ, ㅁ」で始まる時、先行音節の最後の音「ㄱ, ㄷ, ㅂ」は[ㅇ, ㄴ, ㅁ]と発音される。

例) 한국말 [한궁말]　작년 [장년]　믿는다 [민는다]　맏며느리 [만며느리]　십만 [심만]
얼마입니까 [얼마임니까]

本書の使い方

［2］子音同化②

先行音節のパッチム「ㅁ」と「ㅇ」の後ろに「ㄹ」がつくと「ㄹ」は［ㄴ］と発音される。

例）종로［종노］　정류장［정뉴장］　음력［음녁］

［3］子音同化③

先行音節のパッチム「ㄱ，ㅂ」の後ろに「ㄹ」がつくと「ㄹ」の発音は［ㄴ］になり、変形した［ㄴ］のため「ㄱ，ㅂ」はそれぞれ鼻音［ㄴ，ㅁ，ㅇ］と発音される。

例）국립［궁닙］　수업료［수엄뇨］

つぼ その4

［1］流音化

パッチム「ㄴ」は「ㄹ」の前または後ろで［ㄹ］と発音する。

例）난로［날로］　연락［열락］　한라산［할라산］　실눈［실룬］

［2］硬音化①

パッチム「ㄱ，ㄷ，ㅂ」の後ろにつく「ㄱ，ㄷ，ㅂ，ㅅ，ㅈ」は［ㄲ，ㄸ，ㅃ，ㅆ，ㅉ］と発音する。

例）식당［식땅］　학생［학쌩］　듣고［듣꼬］　십분［십뿐］　잡지［잡찌］

［3］硬音化②

「-(으)ㄹ」の後ろに「ㄱ，ㄷ，ㅂ，ㅅ，ㅈ」がつくと［ㄲ，ㄸ，ㅃ，ㅆ，ㅉ］と発音される。

例）쓸 거예요［쓸 꺼예요］　갈 수 있어요［갈 쑤 이써요］　살 집［살 찝］

［4］硬音化③

「ㄴ，ㄹ，ㅁ，ㅇ」の後ろに「ㄱ，ㄷ，ㅂ，ㅅ，ㅈ」がつくと［ㄲ，ㄸ，ㅃ，ㅆ，ㅉ］と発音することもある。

例）문법 [문뻡]　한자 [한짜]　실수 [실쑤]　글자 [글짜]　곰국 [곰꾹]　점수 [점쑤]
용돈 [용똔]

[5] 硬音化④

合成名詞になる時、平音が硬音で音がする現象。合成名詞になってつけられた「사이 ㅅ」は省略されたり、[ㄷ] と発音することもできる。

例）바닷가 [바다까 / 바닫까]　콧등 [코뜽 / 콛뜽]　햇살 [해쌀 / 핻쌀]　숫자 [수짜 / 숟짜]

[6] 激音化

「ㄱ, ㄷ, ㅂ, ㅈ」は「ㅎ」の前または後ろで激音化して [ㅋ, ㅌ, ㅍ, ㅊ] のような激しい音で発音される。

例）축하해요 [추카해요]　좋다 [조타]　많다 [만타]　입학 [이팍]　좋지요 [조치요]

つぼ　その5

[1] 口蓋音化

パッチムの音「ㄷ, ㅌ」の後ろに「ㅣ」母音がつくと、「ㄷ, ㅌ」は [ㅈ, ㅊ] と発音される。

例）해돋이 [해도지]　같이 [가치]　닫히다 [다치다]

[2] ‘ㄴ’ 添加

複合語での先行単語が子音で終わり、後行単語の最初の音節が「이, 야, 여, 요, 유」の場合は「ㄴ」の音を加えて発音する。

例）시청역 [시청녁]　색연필 [생년필]　꽃잎 [꼰닙]　나뭇잎 [나문닙]

[3] ‘ㅎ’ 脱落

パッチム「ㅎ」が母音の前につくと発音しない。

例）좋아요 [조아요]　많아요 [마나요]　싫어요 [시러요]　놓아요 [노아요]

A19

호랑이는 나뭇가지 사이로 보이는 마을을 바라보았습니다. 순간 왠지 낯설지가 않았습니다. 정말 나무꾼의 말대로 어린 시절에 사람이었을지도 모른다고 생각했습니다. 그렇다면 자신을 그리워하는 어머니가 얼마나 가슴 아파하실까 하고 생각하니 슬퍼졌습니다.

A20

「어흥, 어머니가 나를 걱정하고 계시다니……. 아우야, 내가 너를 몰라보고 큰일을 저지를 뻔했구나. 나도 당장 달려가서 어머니를 뵙고 싶지만 보다시피 이런 호랑이의 몸으로 어떻게 마을에 갈 수가 있겠느냐. 어머니께서 나를 보시고 무서워하실까 봐 갈 수가 없구나. 어머니께 불효가 막심하다. 그러니 네가 나 대신 어머니께 효도를 해다오.」

「예, 형님. 꼭 형님 몫까지 어머님께 효도를 하겠습니다.」

A21

호랑이의 눈에서 눈물이 주르륵 흘러내렸습니다. 호랑이는 고개를 떨구고 어슬렁어슬렁 숲속으로 들어가 버렸습니다. 나무꾼은 호랑이에게 큰절을 하고 서둘러 마을로 내려왔습니다. 다음 날 아침 나무꾼의 집 앞마당에 큰 멧돼지 한 마리가 놓여 있었습니다. 자세히 살펴보니 호랑이 같은 맹수의 습격을 받아 죽은 것 같았습니다.

音読のつぼ

몫까지は、二重パッチムの音節の終わりの音のルールによって二重パッチムの後ろに子音が来ると、二つのパッチムのうち一つだけ代表音として発音されるので、[목까지]と発音する。
놓여は、「ㅎ」脱落によってパッチム「ㅎ」は母音の前に来ると発音しないので、[노여]と発音する。

24

細かく分けた音声のファイル名

丸数字がついた語句は、各物語の後ろに解説があります

色がついた単語や文節は、ページ下部の「音読のつぼ」に説明があります

覚えておきたい韓国語表現

① 섬뜩한 기운「不気味な気配」

무언가 섬뜩한 기운이 머리 위를 스치는 기분이 들었습니다.
(p.14, 下から3行目)
何か不気味な気配が頭の上を掠めるような気がしました。

「섬뜩하다」は人の心や体の一部が鳥肌の立つほど恐ろしく、ぞっとするような感じがする時に使う表現です。

［例文］낮에 본 섬뜩한 공포 영화의 장면이 아른거리다.
昼に見た不気味なホラー映画の場面がちらつく。

② 호랑이한테 물려가도 정신만 차리면 산다
「虎に噛まれても気さえしっかりしていれば助かる」

호랑이한테 물려가도 정신만 차리면 산다고 했는데…… (p.18, 4行目)
虎に噛まれても気さえしっかりしていれば生き残れると言うから……

韓国の古いことわざで、いくら困難な状況に陥っても、しっかりしていれば解決策を見出すことができるという意味です。

③ 밑져야 본전「駄目でもともと」

밑져야 본전이니 어디 한 번 꾀를 부려보자 (p.18, 4行目)
駄目でもともとだから一度知恵を働かせてみよう。

何かをしているとき、仮に失敗しても損をすることはないという意味で使われます。

32

【付属 CD-ROM について】

本書に付属の CD-ROM は MP3 形式になっており、パソコンや MP3 プレーヤーで聴くことができます。音声の転送・再生につきましてはお使いの機器の説明書をご参照ください。
※このディスクは CD プレーヤーでは使用できません。

収録時間 1 時間 29 分 25 秒

目次

MP3 1

親孝行な虎

효심 깊은 호랑이

A01 옛날 어느 산골 마을에 젊은 나무꾼이 홀어머니를 모시고 살고 있었습니다. 나무꾼은 산속에 있는 나무를 베어다 팔면서 어머니를 정성스럽게 모셨습니다. 어느 날 나무를 베기 위해 나무꾼이 집에서 떠날 채비를 하고 있었습니다.

A02 「어머니, 산에 다녀오겠습니다.」

「오냐. 요즘 산속에 호랑이가 자주 나타난다고 하니 조심하거라.」

「예, 걱정마세요.」

A03 나무꾼은 해가 지기 전에 집으로 돌아오기 위해 서둘러 꼬불꼬불한 오솔길을 따라 산속으로 깊숙이 들어갔습니다. 나무가 빼곡한 숲속에 도착한 나무꾼은 도끼를 꺼내들었습니다. 나무 한 그루를 막 베려는 찰나였습니다. ①무언가 섬뜩한 기운이 머리 위를 스치는 기분이 들었습니다. 그것은 바람이 아니라 서늘한 기운 같은 것이었습니다.

音読のつぼ

깊숙이は、音節の終わりの音のルールによってパッチム「ㅍ」は代表音「ㅂ」に変わり、硬音化によってパッチム「ㅂ」の後ろに付く「ㅅ」は「ㅆ」と発音されるので、[깁쑤기]と発音する。
빼곡한は、激音化によって「ㄱ」と「ㅎ」が合わせて「ㅋ」と発音されるので、[빼고칸]と発音する。

昔々、ある山里に、若い木こりがひとりの母親と一緒に住んでいました。木こりは山の中にある木を切り売りしながら、母親に真心を込めて仕えました。ある日、木を切るために木こりが家を出る支度をしていました。

「お母さん、山に行ってまいります」
「そう。この頃、山の中に虎がよく現れるから気をつけて」
「はい、心配しないでください」

木こりは日が沈む前に家に帰るために、急いで曲がりくねった細い道に沿って、山の中へ深く入っていきました。木が生い茂った森の中で木こりが斧を出しました。木を１本切ろうとするところでした。何か不気味な気配が頭の上を掠めるような気がしました。風ではなくて、ひやりとするようなものでした。

A04 나무꾼은 나무를 베려던 손을 멈추고 주위를 둘러보았습니다. 하지만 주변은 조용했습니다. 깊은 산속의 정적 속에 스쳐가는 바람소리만 들려왔습니다. 나무꾼은 이마에 맺힌 땀을 닦아내고 다시 도끼를 손에 쥐었습니다.

A05 바로 그때였습니다. 주위에서 바스락 하는 소리가 들려왔습니다. 그리고 갑자기 엄청난 크기의 호랑이 한 마리가 풀숲에서 뛰쳐나왔습니다. 황소만 한 호랑이가 납작하게 엎드려서 당장이라도 덮칠 듯이 나무꾼을 노려보고 있었습니다. 나무꾼은 깜짝 놀라 땅바닥에 주저앉았습니다.

A06 「어흥!」

호랑이가 한 번 포효를 하니 산 전체가 떨리는 것처럼 느껴졌습니다. 나무꾼은 정신이 아득해졌습니다.

A07 「아이고, 나는 이제 꼼짝없이 죽었구나. 내가 없으면 어머니는 어떻게 하나……」

나무꾼의 가슴이 쿵쾅쿵쾅 뛰었습니다. 호랑이가 한발 한발 움직이면서 나무꾼이 있는 곳으로 다가오고 있었습니다.

音読のつぼ

납작하게は、硬音化によってパッチム「ㅂ」の後ろに連結される「ㅈ」は「ㅉ」、激音化によってパッチム「ㄱ」は後ろに付く「ㅎ」と合わせて「ㅋ」と発音されるので、[납짜카게]と発音する。
죽었구나は、連音現象、音節の終わりの音のルールによって[주걷구나]と発音する。

木こりは木を切ろうとした手を止めて周りを見回しました。けれども周りは静かでした。山奥の静寂の中で風の音だけが聞こえてきました。木こりは額の汗をふき取り、また斧を手に握りました。

ちょうどその時でした。周りからかさかさする音が聞こえてきました。そして、いきなり、ものすごい大きさの虎が草むらから飛び出してきました。牡牛のような虎が平たく伏せて、今にも襲いかかってくるように木こりをにらみつけていました。木こりはびっくりして地面に座り込みました。

「ガオー！」

虎が一度ほえたことで、山全体が震えるように感じました。木こりは意識が遠くなりました。

「ああ、僕はもうどうすることもできずに死ぬんだ。私がいなくなったら母はどうしよう……」

木こりの胸がドキドキしました。虎がじりじり動きながら、木こりのところに近づいてきました。

A08 「어흥!」

나무꾼은 너무 무서워서 눈을 질끈 감고 땅바닥에 엎드렸습니다. 그때 나무꾼은 한 가지 꾀가 퍼뜩 떠올랐습니다.

A09 「②호랑이한테 물려가도 정신만 차리면 산다고 했는데……. ③밑져야 본전이니 어디 한 번 꾀를 부려보자.」

A10 나무꾼은 호랑이 앞에 고개를 숙이고 엎드렸습니다.

「아이고, 형님! 저를 모르시겠어요? 꿈에도 그리던 형님을 여기서 이렇게 만나 뵙게 되는군요.」

「어흥!」

「그동안 산속에서 얼마나 고생이 많으셨습니까?」

A11 나무꾼은 ④오랜만에 반가운 사람을 만난 것처럼 호들갑을 떨며 호랑이의 앞발을 덥석 잡았습니다. 호랑이는 흠칫 놀라며 뒷걸음질을 쳤습니다.

A12 「에잇, 이놈아! 나는 짐승이고 너는 인간인데 어째서 내가 너의 형님이란 말이냐!」

호랑이가 말했습니다. 하지만 이대로 호랑이 밥이 될 수는 없었습니다. 나무꾼은 더욱 반가워하는 표정으로 말했습니다.

音読のつぼ

덥석は、硬音化によってパッチム「ㅂ」の後ろに連結される「ㅅ」は「ㅆ」と発音されるので、[덥썩]と発音する。

「ガオー！」

木こりはとても怖くて目をぎゅっと閉じて地面に伏せました。その時、木こりはある知恵がふと思い浮かびました。

「虎に噛まれても気さえしっかりしていれば生き残れると言うから……。駄目でもともとだから一度知恵を働かせてみよう」

木こりは虎の前に頭を下げて伏せました。

「ああ、兄さん！　私がわからないんですか？　夢にも見たことのある兄さんとここでこうやってお会いできるんですね」

「ガオー！」

「これまで山の中でどれだけご苦労をされましたか？」

木こりは久しぶりに懐かしい人に会ったように、大げさにふるまいながら虎の前足をむずと握りました。虎はびくっと驚いて後ずさりしました。

「こら、この野郎！　私は獣でお前は人間なのに、どうして私がお前の兄だと言うのか！」

虎が言いました。しかし、このまま虎の餌食になることはできませんでした。木こりはいっそう嬉しそうな表情で言いました。

A13 「오래 전 산으로 나무를 하러 간 형님이 지금까지 돌아오지 않아 어머니가 항상 걱정하고 계십니다. 어머니께서 형님이 호랑이가 되어 마을 뒷산에 살고 계신다고 늘 말씀하셨습니다. 그래서 저는 언제나 이 산으로 나무를 하러 옵니다. 한 번만이라도 형님을 만나 뵐 수 있을까 해서요. 그런데 오늘 드디어 이렇게 만나다니, 이것이 꿈은 아니겠지요? 형님.」

A14 나무꾼은 정말 형님을 만났다는 듯이 호랑이 앞에 앉아서 꺼이꺼이 울었습니다. 호랑이는 나무꾼의 얘기를 듣고 고개를 갸우뚱했습니다.

A15 「어머님께서 형님은 아주 어린 시절에 산으로 들어간 뒤에 호랑이가 되셨으니 저를 알아보지 못할 것이라고 하셨어요. 형님! 호랑이가 되시더니 인간 시절의 일들을 모두 잊어버리셨군요. 흑흑흑.」

「내가 인간이었다고? 그게 정말이냐?」

音読のつぼ

못할は、音節の終わりの音のルールによってパッチム「ㅅ」は代表音「ㄷ」に変わり、激音化によってパッチム「ㄷ」は後ろに付く「ㅎ」と合わせて「ㅌ」と発音されるので、[모탈]と発音する。

「ずっと前、山に木を切りに行った兄さんが今まで帰ってこなくて、お母さんがいつも心配しています。お母さんが、兄さんが虎になって村の裏山に暮らしているといつもおっしゃっていました。それで私はいつもこの山に木を切りに来ます。一度だけでも兄さんにお会いできるかと思いまして。それで今日ついにこうやって会うなんて、これは夢ではないでしょうね？　兄さん」

木こりは、本当に兄に会ったかのように虎の前に座り、おいおい泣きました。虎は木こりの話をきいて首をかしげました。

「お母さんが、兄さんはとても幼いころに山に入って虎になったのだから、私を見分けられないだろうとおっしゃいました。兄さん！　虎になって人間だった頃のことを全て忘れてしまいましたね。うっうっうっ」

「僕が人間だったって？　それは本当か？」

A16

「그렇고말고요. 어머니도 형님이 살았는지 죽었는지 몰랐는데, 얼마 전부터 꿈에 형님이 보인다는 거예요. 호랑이가 되어서 집에 돌아오지도 못하고 산속에서 늘 마을을 내려다보며 울고 있는 형님을 보았다고 하셨습니다. 어머님은 형님을 그리워하시다가 속병까지 얻으셨습니다. 그리고 제가 나무를 하러 산에 올라갈 때마다 호랑이가 된 형님이 저를 몰라볼 터이니 산에서 만나거든 형제의 우애를 나누라고 당부하셨습니다. 형님! [⑤]이게 무슨 기구한 운명입니까. 흑흑흑.」

A17

고개를 떨구고 슬피 우는 나무꾼의 거짓말을 믿은 호랑이도 눈물을 글썽거렸습니다. 나무꾼이 그토록 슬피 우는 모습을 보니 거짓말은 아닌 것 같았습니다. 그렇다면 정말로 사람이었던 자기가 어려서 산에 들어왔다가 호랑이가 된 것이 아닌가 생각했습니다. 그러나 어린 시절의 기억을 아무리 더듬어보아도 전혀 떠오르지 않았습니다.

A18

나무꾼은 계속 형님을 부르면서 눈물을 떨구었습니다.

「형님! 저와 함께 집으로 갑시다. 매일 형님을 기다리시는 어머니가 얼마나 기뻐하시겠어요.」

音読のつぼ

않았습니다は、「ㅎ」脱落によってパッチム「ㅎ」は母音の前に来ると発音しないので[안았습니다]となり、連音現象と音節の終わりの音のルールと子音同化によって[아낟슴니다]と発音する。

「その通りですとも。お母さんも兄さんが生きているのか、死んでしまったのかわからなかったけれど、先日から夢に兄さんが見えるというのです。虎になって家に帰ることもできず、山の中でいつも村を見下ろしながら泣いている兄さんを見たとおっしゃいました。お母さんは兄さんを懐かしがって、心の病気にまでなりました。そして私が木を取りに山に登るたびに、虎になった兄さんが私を見間違えるから、山で会ったら兄弟の友愛を分け合いなさいと頼みました。兄さん！　これは何て数奇な運命ですか。うっうっうっ」

うなだれて悲しむ木こりの嘘を信じた虎も涙ぐみました。木こりがそこまで悲しく泣く姿を見たら嘘ではないような気がしました。それなら本当に人間だった自分が幼い頃、山に入って虎になったのではないかと思いました。しかし、子どもの頃の記憶をいくらたどってみても、全く思い出せませんでした。

木こりはずっと兄を呼びながら涙を流しました。
「兄さん！　私と一緒に家に帰りましょう。毎日兄さんを待っているお母さんがどんなに喜ぶことか」

A19

호랑이는 나뭇가지 사이로 보이는 마을을 바라보았습니다. 순간 왠지 낯설지가 않았습니다. 정말 나무꾼의 말대로 어린 시절에 사람이었을지도 모른다고 생각했습니다. 그렇다면 자신을 그리워하는 어머니가 얼마나 가슴 아파하실까 하고 생각하니 슬퍼졌습니다.

A20

「어흥, 어머니가 나를 걱정하고 계시다니……. 아우야, 내가 너를 몰라보고 큰일을 저지를 뻔했구나. 나도 당장 달려가서 어머니를 뵙고 싶지만 보다시피 이런 호랑이의 몸으로 어떻게 마을에 갈 수가 있겠느냐. 어머니께서 나를 보시고 무서워하실까 봐 갈 수가 없구나. 어머니께 불효가 막심하다. 그러니 네가 나 대신 어머니께 효도를 해다오.」

「예, 형님. 꼭 형님 몫까지 어머님께 효도를 하겠습니다.」

A21

호랑이의 눈에서 눈물이 주르륵 흘러내렸습니다. 호랑이는 고개를 떨구고 어슬렁어슬렁 숲속으로 들어가 버렸습니다. 나무꾼은 호랑이에게 큰절을 하고 서둘러 마을로 내려왔습니다. 다음 날 아침 나무꾼의 집 앞마당에 큰 멧돼지 한 마리가 놓여 있었습니다. 자세히 살펴보니 호랑이 같은 맹수의 습격을 받아 죽은 것 같았습니다.

몫까지は、二重パッチムの音節の終わりの音のルールによって二重パッチムの後ろに子音が来ると、二つのパッチムのうち一つだけ代表音として発音されるので、[목까지]と発音する。
놓여は、「ㅎ」脱落によってパッチム「ㅎ」は母音の前に来ると発音しないので、[노여]と発音する。

虎は木の枝の間から見える村を眺めました。その瞬間、なぜか、見慣れない感じがしませんでした。本当に木こりの言うとおり、子どもの頃に人だったのかもしれないと思いました。そうだとすれば、自分を懐かしむ母親がどれほど胸を痛めていることだろうと思うと悲しくなりました。

「ガオー、お母さまが私のことを心配なさっているなんて……。弟よ、お前を見間違えて大変なことをしでかすところだったな。私も今すぐ駆けつけてお母さまに会いたいが、見ての通りこんな虎の身でどうやって村に行けるだろうか。お母さまが私を見て怖がられるかと思うと行くことができない。お母さまへの親不孝は度を越している。だからお前が私の代わりにお母さまに親孝行をしてくれ」
「はい、兄さん。必ず兄さんの分まで、お母さんに親孝行します」

虎の目から涙がぽろぽろ流れました。虎はうなだれてのそのそと森の中に入ってしまいました。木こりは虎にお辞儀をして急いで村に下りてきました。翌朝、木こりの家の前庭に、大きなイノシシが一頭置かれていました。よく見ると、虎のような猛獣に襲われて死んだようでした。

A22 「이게 웬일이람?」

「누군가 우리를 돕기 위해 멧돼지를 놓고 간 모양이구나. 이렇게 고마운 일이……」

A23 어머니도 기뻐하셨습니다. 나무꾼과 어머니는 멧돼지를 맛있게 먹었습니다. 그런데 보름 뒤에 방금 죽은 듯한 사슴 한 마리가 앞마당에 놓여 있었습니다. 그때 산 쪽에서 '어흥' 하는 소리가 들렸습니다.

A24 「산에서 만났던 그 호랑이가 어머니를 봉양하라고 이런 산짐승을 잡아다 주는 것일까? 믿을 수가 없군.」

⑦ 나무꾼은 고개를 갸우뚱했습니다. 그 후에도 호랑이는 계속해서 나무꾼의 집에 멧돼지, 사슴, 토끼와 같은 산짐승들을 물어다 주었습니다.

A25 나무꾼은 이제 힘들여 나무를 베어다가 장에 내다 팔지 않아도 되었습니다. 호랑이가 가져다 주는 산짐승 고기와 가죽을 팔아 넉넉한 살림을 꾸려갈 수 있었기 때문입니다.

音読のつぼ

맛있게は、音節の終わりの音のルールによってパッチム「ㅅ, ㅆ」は代表音「ㄷ」に変わり、連音現象によって [마딛게] と発音する。

「これはどうしたことか」

「誰かが私たちを助けるためにイノシシをくれたようだね。こんなにありがたいことが……」

母も喜びました。木こりと母は、イノシシをおいしく食べました。ところが半月後に、死んだばかりのシカが一頭、前庭に置かれていました。その時、山の方から「ガオー」という音が聞こえました。

「山で会ったあの虎が、お母さんを養えとこんな山の生き物を捕まえてくれるのだろうか。信じられない」

木こりは首をかしげました。その後も虎はずっと木こりの家にイノシシ、シカ、ウサギなどの山の動物を運んでくれました。

木こりは今はもう苦労して木を切って、市場に出して売る必要はありませんでした。虎が持ってきてくれる動物の肉や皮を売って豊かに暮らせるからです。

A26 나무꾼은 좋은 집을 사고 예쁜 색시와 결혼식도 올렸습니다. 어머니도 기뻐하셨습니다. 나무꾼은 호랑이의 효심에 감동했습니다. 마치 호랑이가 진짜 형님처럼 느껴졌습니다.

A27 몇 년 뒤 어머니가 병이 나서 시름시름 앓다가 돌아가셨습니다.

「어머니! 흑흑흑.」

⑧나무꾼이 목 놓아 울었습니다. 그러자 깊은 산속에서 호랑이의 구슬픈 울음소리가 밤새도록 이어졌습니다. 그 뒤부터 호랑이는 다시 나타나지 않았습니다.

A28 「혹시 호랑이에게 무슨 일이 생긴 것은 아닐까?」

나무꾼은 나무를 하러 산으로 갈 때마다 호랑이를 찾아보기 위해 주위를 두리번거렸습니다. 나무꾼은 진짜 형님을 생각하듯 호랑이를 그리워하고 걱정했습니다.

A29 그러던 어느 날이었습니다. 나무꾼은 지게를 지고 오솔길을 따라 어머니의 무덤에 갔습니다. 햇빛이 잘 드는 어머니의 무덤 근처에 다다랐을 때였습니다. 호랑이 한 마리가 어머니의 무덤 앞에 힘없이 쓰러져 있었습니다. 나무꾼은 깜짝 놀라 지게를 벗어던지고 호랑이에게 달려갔습니다.

音読のつぼ

좋은は、「ㅎ」脱落によってパッチム「ㅎ」は母音の前に来ると発音しないので、[조은]と発音する。놓아も、同じように[노아]と発音する。

木こりは素敵な家を買い、きれいな花嫁と結婚式を挙げました。母も喜びました。木こりは虎の親孝行に感動しました。まるで虎が本物の兄のように感じられました。

数年後、母が病気をぐずぐずと患って亡くなりました。

「お母さま！　うっうっうっ」

木こりが声を上げて泣きました。すると山奥で、虎の物悲しい鳴き声が一晩中続きました。それから虎は再び現れることはありませんでした。

「ひょっとして虎に何かあったのではないか」

木こりは薪を取りに山へ行くたびに、虎を探すために周りをきょろきょろ見回しました。木こりは、本物の兄を思うように、虎を恋しがって心配しました。

そんなある日のことでした。木こりは背負子を背負い、小道に沿って母のお墓へ行きました。日当たりのいい母のお墓の近くにたどり着いた時です。１頭の虎が、お墓の前で力なく倒れていました。木こりはびっくりして、背負子を脱ぎ捨てて虎のところにかけつけました。

A30 「형님! 정신 차리세요. 얼른 눈을 떠보세요. 흑흑흑.」

그 모습을 본 나무꾼은 호랑이를 끌어안고 엉엉 소리 내어 울었습니다. 호랑이는 한참이 지나서야 겨우 눈을 떴습니다.

A31 「울지 마라, 아우야. 나는 이제 살고 싶은 마음이 없구나. 어머니께 제대로 효도를 못한 이 불효자식이 살아서 뭐하겠느냐. 그래도 멀리서나마 어머니를 뵐 때가 좋았다. 그때는 사냥을 하는 것이 마냥 신이 났었는데……」

A32 호랑이는 얘기를 다 끝내지 못한 채 동생의 품에서 눈을 감고 말았습니다.

「형님! 형님! 흑흑흑.」

나무꾼은 어머니가 돌아가셨을 때와 같은 슬픔으로 목 놓아 울었습니다. 나무꾼은 죽은 호랑이를 어머니 옆에 묻어주었습니다.

A33 「형님, 이제 어머니 곁에서 편히 쉬세요.」

어디선가 호랑이 울음소리가 들리는 듯했습니다. 그 후로 나무꾼은 어머니와 호랑이의 무덤을 정성껏 돌보면서 살아갔습니다.

音読のつぼ

묻어주었습니다は、連音現象と音節の終わりの音のルールと子音同化によって[무더주얻슴니다]と発音する。

「兄さん！　しっかりしてください。早く目を開けてください。うっうっうっ」
　その姿を見た木こりは虎を抱きしめて、わあわあ声を出して泣きました。虎はしばらくたって、やっと目を覚ましました。

「泣くな、弟よ。私はもう生きたい気持ちがないんだ。まともに孝行できなかったこの親不孝者が、生きて何ができるだろうか。それでも、遠くからでもお母さまにお目にかかる時がよかった。あの時は狩りをするのがただ楽しかったのに……」

　虎は話をすべて終えられないまま、弟のふところで目をつぶってしまいました。
「兄さん！　兄さん！　うっうっうっ」
　木こりは母が亡くなった時と同じ悲しみで泣き叫びました。木こりは死んだ虎を母のそばに埋めてあげました。

「兄さん、お母さんのそばでゆっくり休んでください」
　どこからか虎の鳴き声が聞こえるようでした。その後、木こりは母親と虎のお墓を丹念に世話しながら暮らしていきました。

① 섬뜩한 기운「不気味な気配」

무언가 섬뜩한 기운이 머리 위를 스치는 기분이 들었습니다.
(p.14, 下から3行目)
何か不気味な気配が頭の上を掠めるような気がしました。

「섬뜩하다」は人の心や体の一部が鳥肌の立つほど恐ろしく、ぞっとするような感じがする時に使う表現です。

[例文] 낮에 본 섬뜩한 공포 영화의 장면이 아른거리다.
昼に見た不気味なホラー映画の場面がちらつく。

② 호랑이한테 물려가도 정신만 차리면 산다「虎に噛まれても気さえしっかりしていれば助かる」

호랑이한테 물려가도 정신만 차리면 산다고 했는데……(p.18, 4行目)
虎に噛まれても気さえしっかりしていれば生き残れると言うから……。

韓国の古いことわざで、いくら困難な状況に陥っても、しっかりしていれば解決策を見出すことができるという意味です。

③ 밑져야 본전「駄目でもともと」

밑져야 본전이니 어디 한 번 꾀를 부려보자.(p.18, 4行目)
駄目でもともとだから一度知恵を働かせてみよう。

何かをしているとき、仮に失敗しても損をすることはないという意味で使われます。

④ 호들갑을 떨다「大げさにふるまう」

오랜만에 반가운 사람을 만난 것처럼 호들갑을 떨며 (p.18, 下から7行目)
久しぶりに懐かしい人に会ったように、大げさにふるまいながら

軽率でそそっかしい言葉や行動を「호들갑」といいます。大げさに誇張された言葉や行動を表現する時に使います。

⑤ 기구한 운명「数奇な運命」

이게 무슨 기구한 운명입니까. (p.22, 7行目)
これは何て数奇な運命ですか。

順調にはいかず、困ったことが多い運命のことをいいます。

⑥ 불효가 막심하다「親不孝がはなはだしい」

어머니께 불효가 막심하다. (p.24, 9行目)
お母さまへの親不孝はこの上なくひどい。

「막심하다」はこの上なくひどいという意味で、「불효막심（不孝の極み）」「후회막심（後悔の極み）」などの名詞としても使われます。

⑦ 고개를 갸우뚱하다「首をかしげる」

나무꾼은 고개를 갸우뚱했습니다. (p.26, 下から6行目)
木こりは首をかしげました。

理解できなかったり、納得できなかったりする場合に使う表現です。

⑧ 목 놓아 울다「声を張り上げて泣く」

나무꾼이 목 놓아 울었습니다.（p.28, 6行目）
木こりが声を上げて泣きました。

我慢したり遠慮したりせずに大声を出して泣く姿を表現します。「통곡하다（号泣する）」やもっと強い表現で「목 놓아 울부짖다（声を張り上げて泣き叫ぶ）」ということもあります。

コラム
韓国語の擬音語、擬態語

韓国語は日本語と同じく擬音語、擬態語が多い言語に属します。また、擬音語と擬態語が比較的明確に区分された言語でもあります。ある調査によると、韓国語の擬音語、擬態語はその数が数千を超え、現在まで正確な数を確認できないほどだと言います。『親孝行な虎』でも「바스락」、「어흥」、「흑흑흑」などの擬音語や「꼬불꼬불」、「어슬렁어슬렁」、「주르륵」などの擬態語が登場します。

その中で動物の鳴き声を表現した擬音語は、各国で独特の違いがあっておもしろいです。この昔ばなしで、虎の鳴き声は「어흥」と表現されていますが、ライオンの鳴き声も同じです。

韓国語で動物の鳴き声を表す代表的な擬音語は、次の通りです。犬は「멍멍」、猫は「야옹」、鶏は「꼬끼오, 꼬꼬댁」、ひよこは「삐약삐약」、アヒルは「꽥꽥」、牛は「음메」、豚は「꿀꿀」、カエルは「개굴개굴」、ネズミは「찍찍」、カッコウは「뻐꾹뻐꾹」、セミは「맴맴」……。日本語と比べてみて、いかがでしょうか。

日と月になった兄妹

해와 달이 된 오누이

B01 옛날 옛적 어느 마을에 어머니와 어린 오누이가 살고 있었습니다. 아버지가 일찍 세상을 떠났기 때문에 어머니는 남의 집 품팔이로 근근이 살아갔습니다. 어머니가 일을 하러 나가면 오누이는 둘이서 하루 종일 집에서 놀았습니다. 그러던 어느 날 어머니가 고개 넘어 부잣집에 잔치 준비를 돕기 위해 가게 되었습니다.

B02 「애들아, 누가 와서 문을 열어달라고 하면 함부로 열어줘서는 안 된다. 만약 엄마라고 하면 손을 만져본 다음에 엄마 손이 맞으면 그때 문을 열어주렴. 알았지?」

B03 어머니는 오누이에게 몇 번이나 당부하고 고개 넘어 부잣집으로 갔습니다. 어머니는 하루 종일 잔칫집을 도와주고 광주리 가득 맛있는 떡을 받았습니다. 해가 지기 전에 어머니는 서둘러 집으로 향했습니다. 그런데 집으로 가는 첫 번째 고개에서 호랑이가 나타났습니다.

「어흥! 떡 하나 주면 안 잡아먹지.」

音読のつぼ

부잣집は、合成名詞として硬音化によって[부잗찝, 부자찝]と発音する。잔칫집も、合成名詞として硬音化によって[잔칟찝, 잔치찝]と発音する。

昔々、ある村にお母さんと幼い兄妹が住んでいました。父が早く世を去ったので、母は人の家の手間仕事で細々と暮らしていました。母が仕事に出ると、兄妹は２人で一日中家で遊びました。そんなある日、母が峠を越えてお金持ちの家に宴会の準備を手伝いに行くことになりました。

「あなたたち、誰かが来て戸を開けてほしいと言われても、勝手に開けてはいけません。もしお母さんだと言ったら、手を触ってみてお母さんと手が合えば、その時に戸を開けてちょうだい。わかった？」

母は兄妹に何度も頼み、峠を越えてお金持ちの家に行きました。母は一日中お祝いを手伝って、かごいっぱいにおいしいお餅をもらいました。日の暮れないうちに、母は急いで家へ向かいました。ところが、家に帰る１番目の峠で虎が現れました。

「ガオー！　餅を１つくれたら食べないよ」

B04 어머니는 깜짝 놀라 얼른 떡 한 개를 호랑이에게 던져주었습니다. 호랑이는 어머니가 준 떡을 맛있게 먹고는 어슬렁어슬렁 숲속으로 사라졌습니다. 어머니는 다시 서둘러 집으로 갔습니다. 그런데 두 번째 고개에서 또다시 호랑이가 나타났습니다.

「어흥! 떡 하나 주면 안 잡아먹지.」

B05 어머니는 또다시 호랑이에게 떡을 던져주었습니다. 그런데 세 번째 고개와 네 번째 고개에서도 호랑이가 나타났습니다.

「어흥! 떡 하나 주면 안 잡아먹지.」

B06 그때마다 어머니는 또다시 나타난 호랑이에게 떡을 던져주었습니다. 어느새 어머니는 꼬불꼬불 마지막 고개를 넘어가고 있었습니다. 그런데 이번에도 호랑이가 또 나타났습니다.

B07 「어흥! 떡 하나 주면 안 잡아먹지.」

「호랑이님, 이제는 떡이 없어요.」

「그래? 그렇다면 너라도 잡아먹어야겠다!」

B08 어머니가 벌벌 떨면서 호랑이에게 말했습니다.

「호랑이님, 집에서 아이들이 저를 기다리고 있어요. 제발 살려주세요.」

母はびっくりしてあわてて餅を１つ虎に投げました。虎は母がくれた餅をおいしく食べて、のそのそと森の中に消えました。母はまた急いで家へ向かいました。ところが２番目の峠でまた虎が現れました。

「ガオー！　餅を１つくれたら食べないよ」

母はまた虎に餅を投げました。ところが、３番目の峠と４番目の峠からも虎が現れました。

「ガオー！　餅を１つくれたら食べないよ」

そのたびに、母はまた現れた虎に餅を投げました。いつの間にか母はくねくねと最後の峠を越えていました。ところが、今度も虎がまた現れました。

「ガオー！　餅を１つくれたら食べないよ」

「虎さま、もうお餅はありません」

「そうか。それなら、お前でも食わなくちゃいけないな！」

母がぶるぶる震えながら虎に言いました。

「虎さま、家で子供たちが私を待っています。どうか助けてください」

B09

하지만 호랑이는 어머니를 한 입에 꿀꺽 잡아먹고 말았습니다. 호랑이는 어머니의 옷을 입고 어머니의 수건을 머리에 쓰고 오누이의 집으로 갔습니다. 해가 져서 어두워졌는데도 어머니가 돌아오지 않자 오누이는 걱정스러운 마음으로 어머니를 기다리고 있었습니다.

B10

「엄마는 왜 안 오실까?」

「글쎄 말이야. 무슨 일이 생기셨나? 밤길에 호랑이를 보았다는 사람이 많다던데……」

오누이는 방에 앉아 어머니를 기다렸습니다. 그때 누군가 안에서 잠근 방 문고리를 열려고 했습니다.

B11

「애들아, 엄마 왔다. 어서 문 열어라.」

오누이는 엄마가 왔다고 생각하고 ①문을 열려다 멈칫했습니다.

B12

「쉿! 가만히 있어봐. 어째 엄마 목소리가 아닌 것 같은데.」

오빠가 작은 목소리로 누이동생의 귀에 대고 말하면서 옷자락을 붙잡았습니다.

音読のつぼ

한 입には、「ㄴ」添加によって、複合語では先行単語が子音に終わり、後行単語の最初の音節が「ㅣ」なので「ㄴ」を加えて[한니베]と発音する。걱정스러운は、硬音化によってパッチム「ㄱ」の後ろに付く「ㅈ」は「ㅉ」と発音されるので、[걱쩡스러운]と発音する。

しかし、虎は母を一口で食べてしまいました。虎は母の服を着て母の手ぬぐいを頭にかぶって兄妹の家に行きました。日が暮れて暗くなったのに母が帰って来ないので、兄妹は心配な気持ちで母を待っていました。

「お母さんは、なぜいらっしゃらないの」

「そうだね。何かあったのかな。夜道で虎を見たという人が多いそうだけど……」

子どもたちは、部屋に座ってお母さんを待ちました。その時、誰かが中から鍵をかけた部屋の戸を開けようとしました。

「あなたたち、お母さんが帰ってきたよ。早く戸を開けなさい」

兄妹は、お母さんが来たと思い、戸を開けようとしましたが、ぎょっとしました。

「シッ！　じっとしてて。どうもお母さんの声ではない気がするんだ」

兄が小さな声で妹の耳にあてて話しながら裾をつかみました。

B13 「우리 어머니 목소리는 그렇게 쉬지 않았어요.」
「하루 종일 일을 했더니 힘이 들어서 목이 쉬었단다.」
「그럼 문틈으로 손을 한번 넣어보세요.」

B14 그러자 호랑이는 앞발을 문틈으로 쏙 넣었습니다. 오누이는 방안으로 들어온 손을 가까이 가서 자세히 보았습니다. 그런데 옷소매는 어머니의 것이 맞았지만 손은 좀 이상했습니다.

B15 「우리 어머니 손은 이렇게 거칠지 않아요.」
「오늘은 일을 너무 많이 해서 손이 거칠어졌단다. 손이 터서 그런 것이니 안심하고 문을 열어다오.」

B16 오누이는 그 말을 믿고 문을 열어주었습니다.
「어린 것들이 얼마나 배가 고프겠니. 이 엄마가 얼른 밥해줄게. 조금만 기다려라.」
어머니는 수건을 푹 눌러쓰고 부엌으로 들어갔습니다.

B17 「앗! 저건 호랑이 꼬리다!」
하마터면 오누이는 소리를 지를 뻔했습니다. 뒤돌아선 어머니 치마 밑으로 긴 꼬리가 보였습니다.

音読のつぼ

밥해줄게は、激音化によってパッチム「ㅂ」は後ろに付く「ㅎ」と合わせて「ㅍ」と発音されるので、[바패줄께]と発音する。

「お母さんの声は、そんなにかれていませんよ」
「一日中、仕事をしたら疲れて声がかれたのよ」
「それでは戸のすき間から手を一度入れてみてください」

するとと虎は前足を戸のすき間からすぽっと入れました。兄妹は家の中に入ってきた手を近寄ってよく見ました。ところが袖はお母さんのものであっても、手はちょっと変でした。

「お母さんの手は、こんなにざらざらじゃありません」
「今日は仕事をしすぎて手が荒れたのよ。手の荒れだから安心して戸を開けておくれ」

子どもたちはその言葉を信じて戸を開けました。
「子どもたち、どれほどお腹が空いたことでしょう。このお母さんが早くご飯を作ってあげる。少しだけ待っててね」
お母さんは手ぬぐいをすっぽりかぶって台所へ入って行きました。

「あっ！　あれは虎のしっぽだ！」
危うく兄妹は大声を出すところでした。背を向けた母のスカートの下には、長い尻尾が見えました。

B18 「어서 도망가자! ②꾸물대다가는 호랑이 밥이 되겠다.」

오빠는 누이동생을 데리고 뒷문으로 몰래 빠져나갔습니다. 하지만 나와 보니 숨을 곳이 없었습니다.

B19 「이 나무 위로 올라가자.」

오누이는 뒷마당 우물가에 있는 버드나무 위로 올라가 높은 나뭇가지 사이에 숨었습니다.

B20 오누이는 서로의 손을 꼭 잡았습니다. 그때 오누이가 도망친 것을 알아챈 호랑이가 뒤쫓아 왔습니다. 호랑이는 두리번거리며 오누이를 찾다가 우물에 비친 오누이의 모습을 보았습니다. 호랑이는 우물 속을 들여다보았습니다.

B21 「하하하, 여기에 숨었구나. 이것들을 낚시로 낚아낼까 아니면 그물로 건져낼까.」

B22 호랑이의 모습을 보고 누이동생이 그만 '호호호' 웃음을 터뜨렸습니다. 오누이가 우물 속에 숨은 줄 알았던 호랑이가 누이동생의 웃음소리를 듣고 나무 위를 쳐다보았습니다.

音読のつぼ

되겠다は、音節の終わりの音のルールと硬音化によって[되겓따]と発音する。

「早く逃げよう！　ぐずぐずしていては虎の餌食になるぞ」
兄は妹を連れて裏門からこっそり抜け出しました。しかし、出てみると、隠れるところがありませんでした。

「この木の上に登ろう」
兄妹は裏庭の井戸端にある柳の木の上に登って、高い木の枝の間に隠れました。

兄妹は互いの手をしっかり取り合いました。そのとき、子どもたちが逃げたことに気付いた虎が追いかけてきました。虎はきょろきょろと兄妹を探しながら、井戸に映った子どもたちの姿を見ました。虎は井戸の中を覗きました。

「ハハハ、ここに隠れたんだ。これらを釣り上げるか、それとも網ですくおうか」

虎の姿を見て妹がつい「ホホホ」と笑ってしまいました。兄妹が井戸の中に隠れていると思っていた虎が、妹の笑い声を聞いて木の上を見上げました。

B23 「너희들, 그렇게 높은 나무에 어떻게 올라갔니?」
③오빠가 꾀를 내어 대답했습니다.
④「참기름을 발바닥에 바르고 올라왔지요.」
「그래?」

B24 그 말을 들은 호랑이는 얼른 부엌으로 가서 참기름을 네 발에 발랐습니다. 그런데 이게 웬일입니까. 호랑이는 나무 위로 올라가려고 했지만 자꾸 쭈르르 미끄러졌습니다. 호랑이는 나무 위로 올라갈 수 없었습니다.

B25 「얘들아, 얘들아, 그렇게 높은 곳에 어떻게 올라갔니?」
오빠는 또 꾀를 내어 대답했습니다.
④「들기름을 발바닥에 바르고 올라왔지요.」
「그래?」

B26 어리석은 호랑이는 다시 부엌으로 가서 네 발에 들기름을 발랐습니다. 하지만 미끄러운 들기름 때문에 호랑이는 나무 위로 올라갈 수 없었습니다. 누이동생이 그것을 내려다보고 있다가 깔깔 웃으며 그만 사실대로 말해주었습니다.

音読のつぼ

발바닥は、硬音化によってパッチム「ㄹ」の後ろに付く「ㅂ」は「ㅃ」と発音されるので、[발빠닥]と発音する。

「あなたたち、そんなに高い木にどうやって登ったの？」
お兄さんが知恵を出して答えました。
「ごま油を足の裏に塗って上がって来ました」
「そう？」

それを聞いた虎は素早く台所へ行って、ごま油を四本の足に塗りました。しかし、これはどうしたことでしょう。虎は木の上に登ろうとしましたが、ずるずる滑りました。虎は木の上に登ることができませんでした。

「ねえ、あなたたち、そんなに高い所にどうやって登ったの？」
兄はまた知恵を出して答えました。
「えごま油を足の裏に塗って上がって来ました」
「そう？」

愚かな虎はまた台所へ行って、４本の足にえごま油をつけました。でも、すべすべしたえごま油で虎は木の上に登ることができませんでした。妹がそれを見下ろして、きゃっきゃっと笑って、ありのままを言ってやりました。

B27 「도끼로 나무를 찍어서 홈을 밟고 올라오면 되지요.」

「옳지! 그러면 되겠구나!」

B28 오빠는 누이동생을 원망했지만 이미 늦어버린 일이었습니다. 호랑이는 얼른 도끼를 가져와 나무를 찍고 한발 한발 올라오고 있었습니다. ⑤오누이는 벌벌 떨면서 하늘을 향해 간절히 빌었습니다.

B29 「하느님! 우리를 살리시려거든 새 동아줄을 내려주시고, 우리를 죽이시려거든 썩은 동아줄을 내려주세요.」

그러자 하늘에서 새 동아줄이 스르륵 내려왔습니다. 오누이는 동아줄을 꼭 붙잡았습니다. 동아줄은 서서히 하늘로 올라갔습니다.

B30 호랑이는 오누이를 놓쳐서 분했습니다. ⑥호랑이는 발을 구르다가 오누이처럼 기도를 했습니다. 이번에도 하늘에서 동아줄이 내려왔습니다. 호랑이는 덥석 동아줄을 잡았습니다. 그러자 동아줄이 하늘로 올라가기 시작했습니다.

音読のつぼ

밟고は、二重パッチムの音節の終わりの音のルールと硬音化によって［발꼬］と発音する。옳지は、激音化によって二重パッチムの「ㄹㅎ」の中に「ㅎ」が「ㅈ」と合わせて「ㅊ」と発音されるので、［올치］と発音する。

「斧で木を刺して溝を踏んで登ればいいんです」
「そうだ！　そうすればいいんだ！」

兄は妹を恨みましたが、もう遅いことでした。虎はすぐに斧を持ってきて木を刺して、一歩一歩登ってきていました。子どもたちはぶるぶる震えながら、天に向かって切実に祈りました。

「神様！　私たちを救おうとされるなら、新しい縄を下ろしてください。私たちを殺すおつもりなら、腐った縄を下ろしてください」
すると、天から新しい丈夫な縄がするすると下りてきました。兄妹は、太い縄をしっかりとつかみました。縄は徐々に天に上っていきました。

虎は兄妹を逃して悔しく思いました。虎は地団駄を踏みながら兄妹と同じように祈りました。今度も、天から太い縄が下りてきました。虎はむんずと太い縄をつかみました。すると太い縄が天に上り始めました。

B31 하지만 그 동아줄은 썩은 동아줄이었습니다. 얼마쯤 올라가다가 동아줄이 뚝 끊어졌습니다.

「으악! 호랑이 죽네!」

B32 호랑이는 비명을 지르며 땅으로 쿵 떨어졌습니다. 호랑이가 떨어져 죽은 곳은 수수밭이었습니다. 수숫대가 붉은 색을 띤 것은 그때 호랑이의 피가 떨어졌기 때문입니다. 그래서 지금도 수숫대가 붉은 빛을 띤다고 합니다.

B33 하늘로 올라간 오누이는 해와 달이 되었습니다. 오빠는 해가 되어 동쪽에서 서쪽으로 먼 길을 여행하게 되었습니다. 또 누이동생은 달이 되었습니다. 오누이는 한 곳에서 함께 지내지 못했습니다. 오빠는 낮에만, 누이동생은 밤에만 여행을 떠나야 했습니다.

B34 누이동생은 밤하늘을 여행하는 것이 무서웠습니다. 그래서 오빠에게 부탁했습니다.

「오빠, 나는 무서워서 밤에 다닐 수가 없으니 낮에 다닐 수 있도록 바꿔줘.」

「그러면 너 좋을 대로 하렴.」

수수밭이었습니다は、口蓋音化によってパッチムの音「ㅌ」の後ろに「ㅣ」母音がつくと「ㅊ」と発音されるので、[수수바치엳슴니다]と発音する。

しかし、その縄は腐った縄でした。しばらく登っていたら太い縄がぷつんと切れてしまいました。

「うわぁ！　死ぬ！」

虎は悲鳴をあげて地面にどすんと落ちました。虎が落ちて死んだ所はキビ畑でした。キビが赤く染まったのは、そのとき虎の血が落ちたからです。それで、今もキビが赤みを帯びているそうです。

天に昇った兄と妹は、日と月になりました。兄は日になって東から西の方へ遠い旅をすることになりました。また妹は月になりました。子どもたちは、１つの場所で一緒に過ごすことができませんでした。兄は昼だけ、妹は夜だけ旅に出なければなりませんでした。

妹は夜空を旅行するのが怖かったのです。そこでお兄さんに頼みました。

「お兄さん、私は怖くて夜に行き来できないから、昼に歩けるように変えてほしいです」

「それじゃ、君の好きなようにしなさい」

B35

오빠는 누이동생의 소원대로 해주었습니다. 그래서 누이동생은 해가 되었습니다. 누이동생은 환한 낮에 다녀 무섭지는 않았지만 부끄러워서 사람들을 내려다 볼 수가 없었습니다. 그래서 화살 같이 센 빛을 쏟아내어 사람들이 해를 쳐다보지 못하도록 했습니다. 지금도 해를 바라보면 눈이 부신 것은 바로 그 때문이라고 합니다.

兄は妹の望み通りにしてあげました。それで妹は太陽になりました。 妹は明るい昼間に行ったので怖くはなかったですが、恥ずかしくて人々を見下ろすことができませんでした。そのため、矢のような強い光を放ち、人々が太陽を見つめることができないようにしました。今でも、太陽を眺めるとまぶしいのはそのせいだそうです。

① 멈칫하다「ぎょっとする」

문을 열려다 멈칫했습니다.（p.40, 下から4行目）
戸を開けようとしましたが、ぎょっとしました。

驚きや感動で言葉を失ったり、動作を急に止めるという意味です。

② 호랑이 밥이 되다「虎の餌食になる」

꾸물대다가는 호랑이 밥이 되겠다.（p.44, 1行目）
ぐずぐずしていては虎の餌食になるぞ。

虎に食べられるという意味で使われています。

③ 꾀를 내다「知恵を出す」

오빠가 꾀를 내어 대답했습니다.（p.46, 2行目）
お兄さんが知恵を出して答えました。

物事をうまくつくりあげたり、解決したりする、すぐれた考えや手段を「꾀」といいます。

④ 참기름, 들기름「ごま油、えごま油」

참기름을 발바닥에 바르고 올라왔지요. (p.46, 3行目)
ごま油を足の裏に塗って上がって来ました。

들기름을 발바닥에 바르고 올라왔지요. (p.46, 下から6行目)
えごま油を足の裏に塗って上がって来ました。

ごま油はゴマを絞った油、えごま油はシソ科の草であるエゴマを絞った油で、味や香りに微妙な違いがあります。韓国では、ごま油は主にナムル料理、えごま油は主に炒め物に使用します。

⑤ 벌벌 떨다「ぶるぶる震える」

오누이는 벌벌 떨면서 하늘을 향해 간절히 빌었습니다. (p.48, 5行目)
子どもたちはぶるぶる震えながら、天に向かって切実に祈りました。

寒さ、恐怖、興奮などで体の全体や一部を震わせる、または財物などを出し惜しみ(けちけち)している様子を表します。

[例文] 그는 돈과 권력 앞에서 벌벌 떠는 사람이다.
彼は金と権力の前でおどおどする人だ。

⑥ 발을 구르다「地団駄を踏む」

호랑이는 발을 구르다가 오누이처럼 기도를 했습니다. (p.48, 下から4行目)
虎は地団駄を踏みながら兄妹と同じように祈りました。

非常に悔しがったり、焦ったりする姿を表現する慣用句です。副詞を付けて「발을 동동 구르다」ということもあります。

コラム

韓国人にとって「虎」とは？

韓国の昔ばなしには虎がよく登場しますが、韓国の建国神話とも言える「檀君神話」[단군신화]にも、熊とともに虎が登場します。他にも、韓半島（「朝鮮半島」の韓国での呼称）の地の模様を虎にたとえたり、1988年のソウルオリンピックのマスコットには、虎を形象化した「ホドリ」が採用されました。このように、韓国は昔から「虎の国」でした。

韓半島に虎が住み始めた時期は、新石器時代に入る頃です。しかし、14世紀頃、朝鮮は民の生命を保護し、農耕地を開墾するとして、虎を捕護する政策を施行し始めました。徐々に数が減少していった虎は、結局1927年、慶州で捕まって以来、韓国から姿を消してしまいました。

虎は韓国の昔ばなしに様々な姿で現れます。私たちはいろいろなお話の中で、恐ろしい虎、こっけいな虎、情にあふれる虎、神妙な虎に出会うことができます。韓国の祖先は虎を様々な姿で形象化しました。猛々しく恐ろしい虎を表現することで、悪を退け、善が勝つことを願ったり、虎を愚かな存在として登場させ、人生の知恵を願ったりもしました。時には、虎を神聖な存在として神格化したり、情、義理、人間の親孝行に感動する人間的な姿で描いたりもしました。このように、昔ばなしに出てくる虎の様々な姿は、険悪で恐ろしい動物である虎に投影された人々の意識が、文学的に形象化されたものです。

王様の耳は ロバの耳

임금님 귀는 당나귀 귀

C01 옛날에 어느 임금님이 살고 있었습니다. 그런데 며칠 전부터 임금님은 잠을 자고 일어나면 귀가 쑥 자라고, 또 자고 일어나면 귀가 쑥 자랐습니다.

「허허, 이거 참 큰일이군.」

아침에 잠자리에서 일어나자마자 귀를 만져본 임금님은 큰 한숨을 쉬었습니다.

C02 그러던 어느 날 임금님은 거울 앞에서 크게 놀랐습니다. 임금님의 귀가 당나귀의 귀처럼 크게 자란 것이었습니다.

「이걸 어쩌면 좋을꼬.」

C03 나라의 임금님이 당나귀 귀를 가졌다는 소문이 나면 ①백성들의 웃음거리가 될 것이 뻔하기 때문에 ②임금님은 매우 속이 상했습니다. 말 못할 걱정에 근심이 깊어진 임금님은 큰 귀를 두건으로 가리고는 신하에게 명령했습니다.

音読のつぼ

잠자리は、硬音化によって「ㅁ」の後ろに「ㅈ」がつくと「ㅉ」と発音されるので、[잠짜리]と発音する。一方、昆虫の잠자리(トンボ)は、そのまま[잠자리]と発音する。

昔々、ある王様が住んでいました。ところが数日前から、王様は寝て起きると耳がすっと伸び、また寝て起きると耳がすっと伸びました。

「ほう、こりゃ大変だ」

朝、寝床から起きるとすぐ耳を触った王様は、大きなため息をつきました。

そんなある日、王様は鏡の前でとても驚きました。王様の耳はロバの耳のように大きくなっていたのです。

「これをどうしたらいいのか……」

国の王様がロバの耳を持っているという噂が立てば、民衆の笑いものになるに違いないので、王様は非常に残念に思いました。言いようのない心配で不安を募らせた王様は、大きな耳を頭巾で隠して、臣下に命令しました。

C04 「여봐라, 모자를 잘 만드는 사람을 당장 궁궐로 데려오너라.」

임금님은 아무도 방에 들어오지 못하게 하고 모자 만드는 장인만 살짝 불러들였습니다. 임금님은 모자 장인에게 당나귀 귀를 감출 수 있는 모자를 만들라고 명령했습니다.

C05 「여보게, 무슨 까닭인지 짐의 귀가 이렇게 점점 커져서 더 이상 숨길 수가 없게 되었구나. 그러니 귀를 감출 수 있도록 지금보다 더 큰 왕관을 만들어주게. 그러나 한 가지 명심해야 할 것은 짐의 귀가 당나귀 귀처럼 커졌다는 사실을 아무에게도 말해서는 안 된다는 걸세. 만약 소문이 퍼진다면 자네를 살려두지 않을 것이야.」

「상감마마, 분부대로 하겠습니다. 절대로 아무에게도 말하지 않을 것을 맹세합니다.」

C06 모자 장인은 임금님께 공손히 절을 하고 궁궐을 빠져나왔습니다. 그리고는 아무도 모르게 임금님의 왕관을 만들기 시작했습니다. 모자 장인은 질긴 가죽을 이용해 임금님의 당나귀 귀를 감출 수 있는 큰 왕관을 만들어서 임금님께 바쳤습니다.

「おい、帽子を上手に作る人を今すぐ宮殿に連れて来い」

王様は誰も部屋に入れないようにし、帽子を作る職人だけをこっそり呼び入れました。王様は帽子職人にロバの耳を隠すことができる帽子を作るように命じました。

「おい、どういう訳か、私の耳がこんなにだんだん大きくなって、これ以上隠せなくなったのだ。だから、耳を隠せるように今よりもっと大きな王冠を作ってくれ。しかし、一つ肝に銘じなければならないことは、私の耳がロバの耳のように大きくなったという事実を誰にも言ってはならないということだ。もし噂が広がったら、お前を生かしてはおかないぞ」

「王様、かしこまりました。絶対に誰にも話さないことを誓います」

帽子職人は王様に丁寧にお辞儀をして宮殿を抜け出しました。それから誰も知らないうちに王様の王冠を作り始めました。帽子職人は丈夫な皮で王のロバの耳を隠すことのできる大きな王冠を作り、王様に捧げました。

C07

「으흠, 아주 딱 맞는군. 아주 좋아. 이젠 내 귀가 당나귀 귀라는 걸 아무도 눈치 채지 못하겠구나.」

예전보다 몇 배나 더 큰 왕관을 쓴 ③임금님은 마음 놓고 나랏일을 보기 시작했습니다.

C08

그러나 그 이후에도 임금님의 귀는 점점 더 커졌습니다. 그래서 모자 장인은 몇 번이나 임금님의 왕관을 더 크게 만들어야 했습니다.

백성들은 임금님의 높은 왕관을 보고 이상하게 생각했습니다.

C09

「여보게, 임금님의 왕관이 예전보다 몇 배나 더 높아지니 좀 이상하지 않은가?」

「예끼, 이 사람아, 그게 뭐가 이상하다고 그러나. 임금님은 원래 덕망이 높으시니 왕관도 높아지는 거야.」

「그런가? 하긴 임금님처럼 높으신 분은 저런 높은 왕관을 써야 위엄이 있어 보이겠지.」

音読のつぼ

좋아は、「ㅎ」脱落によってパッチム「ㅎ」は母音の前に来ると発音しないので、[조아]と発音する。놓고は、激音化によって「ㅎ」と「ㄱ」が合わせて「ㅋ」と発音されるので、[노코]と発音する。

「うん、ぴったりだ。とてもいい。もう私の耳がロバの耳だということに誰も気がつかないな」

昔より何倍も大きい王冠をかぶった王様は安心して国事を始めました。

しかし、その後も王様の耳は次第に大きくなっていきました。それで帽子職人は何度も王様の王冠をより大きく作らなければなりませんでした。

民は王様の高い王冠を見て不思議に思いました。

「君、王様の王冠が以前より何倍も高くなっていて、ちょっと変じゃないか」

「おい、あんた、何がおかしいというんだ。王様はもともと徳望が高いから王冠も高くなるんだ」

「そうなのか？　確かに王様のように偉い方は、あんなに高い王冠をかぶってこそ威厳があるように見えるだろう」

C10 백성들은 고개를 끄덕이며 이야기를 주고받았습니다. 그 이야기를 들은 모자 장인은 터져나오는 웃음을 간신히 참아야만 했습니다.

「여보게들, 그게 아니라 임금님은 당나귀 귀를 가졌기 때문에 저렇게 높은 왕관을 쓰고 있는 거라고!」

모자 장인은 이렇게 큰 소리로 말하고 싶은 것을 간신히 참으며 혼자서 피식 웃었습니다.

C11 그 뒤 모자 장인은 당나귀 귀가 떠오르면 길을 걷다가도, 잠을 자다가도 웃음이 나오는 것을 참지 못했습니다. 사람들은 모자 장인이 미쳤다고 생각했습니다. 하지만 모자 장인은 자기가 왜 이렇게 자꾸 웃음이 나는지를 이야기할 수 없었습니다.④ 그는 말을 할 수 없으니 속이 답답해졌습니다. 하고 싶은 말을 못하니 가슴이 답답해지고 무엇을 먹어도 소화가 되지 않았습니다.

C12 그래서 아무도 몰래 조용한 대나무 숲으로 갔습니다. 속병을 얻기 전에 혼잣말이라도 해야 한다고 생각했습니다.

웃었습니다は、連音現象と音節の終わりの音のルールと子音同化によって[우섣슴니다]と発音する。

民衆はうなずいて話をしました。その話を聞いた帽子職人は、噴き出す笑いを辛うじてこらえなければなりませんでした。
「君たち、そうじゃなくて、王様はロバの耳を持っているから、あんなに高い王冠をかぶっているんだよ！」
帽子職人は、このように大きな声で言いたいのをなんとかこらえて、一人でにやりと笑いました。

その後、帽子職人はロバの耳が思い浮かんだら、道を歩いていても、寝ていても笑い出すのを我慢できませんでした。人々は帽子職人が狂ったと思いました。けれども、帽子職人は、自分がなぜ、こんなにしきりに笑い出すのかを話すことができなかったのです。彼は話せないので、気が重くなりました。言いたいことが言えないと息苦しくなって、何を食べても消化されませんでした。

それで、だれにも内緒で、しずかな竹林にいきました。心の病気にかかる前に独り言でも言わなければならないと思いました。

C13 「임금님 귀는 당나귀 귀!」

모자 장인은 이 말을 꼭 한 번만이라도 해보고 싶었습니다. 실컷 소리치고 나니 ⑤속이 후련해져서 살 것 같았습니다. 모자 장인은 덩실덩실 춤을 추면서 집으로 돌아왔습니다.

C14 그런데 그때부터 바람이 불면 대나무 숲에서「임금님 귀는 당나귀 귀」라는 소리가 들려왔습니다.

「임금님 귀는 당나귀 귀!」

「임금님 귀는 당나귀 귀!」

C15 그 소리는 마을 사람들의 귀에까지 들려왔습니다.

「아니, 여보게들, 저게 도대체 무슨 소린가. 임금님의 귀가 당나귀 귀라니.」

C16 아무도 없는 대나무 숲에서 이런 소리가 들려오니 사람들은 이상하게 생각했습니다. 그리고 ⑥이 소문은 곧 임금님의 귀에까지 들어갔습니다. 임금님은 백성들이 눈치를 챌까봐 어쩔 줄을 몰랐습니다. 그래서 신하들에게 당장 대나무 숲을 베어버리라고 명령했습니다.

音読のつぼ

집으로は、連音現象によって[지브로]と発音する。돌아왔습니다は、連音現象と音節の終わりの音のルールと子音同化によって[도라왇슴니다]と発音する。

「王様の耳はロバの耳！」

帽子職人は、この言葉をぜひ一度だけでも言ってみたかったのです。思いっきり叫んだら、すっきりして助かったと思いました。帽子職人は、ふわふわと踊りながら、家へ帰って来ました。

ところがその時から、風が吹くと竹林から「王様の耳はロバの耳」という声が聞こえてきました。

「王様の耳はロバの耳！」

「王様の耳はロバの耳！」

その音は村の人々の耳にまで聞こえてきました。

「おい、あれはいったい何を言ってるんだ。王様の耳がロバの耳だなんて」

誰もいない竹林からこんな音が聞こえてくるので、人々は変に思いました。そしてこの噂はまもなく王の耳にまで伝わりました。王様は民衆がそれに気付くのではないかと、途方に暮れていました。それで臣下たちに、今すぐ竹林を切ってしまえと命じました。

C17 그러나 대나무들이 자라 숲을 이루게 되면 또 다시「임금님 귀는 당나귀 귀」라는 소리가 들려왔습니다. 임금님은 모자 장인을 처벌하려고 당장 궁궐로 불러들였습니다.

C18 「네가 감히 나와의 약속을 어기고 사람들에게 소문을 냈느냐?」

「상감마마, 저는 그저 아무도 몰래 대나무 숲에서 소리를 쳤을 뿐입니다.」

「그런데 어찌해서 백성들이 모두 내 귀가 당나귀 귀라는 사실을 알고 있는 것이냐.」

「상감마마, 마마의 귀가 당나귀 귀가 된 것은 백성들의 말을 더 크게 더 잘 들으라는 [7]하늘의 뜻이라고 생각합니다.」

C19 모자 장인의 말을 들은 임금님은 과연 그의 말이 옳다고 생각했습니다. 임금님은 당나귀 귀를 부끄럽게 생각할 것이 아니라 나랏일을 잘 보는 것이 더 중요하다고 생각했습니다.

C20 그 뒤 임금님은 당나귀 귀를 당당하게 드러내고 백성들의 소리에 귀 기울이며 나라를 다스렸습니다. 그러자 백성들은 오히려 당나귀 귀를 가진 사람이 곧 임금님이라는 생각을 하며 살게 되었습니다.

「당나귀 귀 임금님 만세!」

音読のつぼ

옳다고は、激音化によって二重パッチムの「ㄹㅎ」の中に「ㅎ」が「ㄷ」と合わせて「ㅌ」と発音されるので、[올타고]と発音する。나랏일は、「ㄴ」添加によって、複合語では先行単語が子音に終わり、後行単語の最初の音節が「ㅣ」なので「ㄴ」を加えて[나란닐]と発音する。

しかし竹が育って森になると、再び「王様の耳はロバの耳」という声が聞こえてきました。王様は帽子職人を処罰するために、すぐに宮殿に呼び入れました。

「お前はよくも私との約束を破って他の人に噂を広めたのか？」
「王様、私はただ誰にも知られずに竹林で叫んだだけです」
「しかし、どうして民は私の耳がロバの耳だという事実を知っているのだろうか」
「王様の耳がロバの耳になったのは、民の言うことをもっとよく聞きなさいという天の意志だと思います」

帽子職人の言葉を聞いた王様は、なるほど彼の言うことが正しいと思いました。王はロバの耳を恥ずかしく思うのではなく、国事をよく見ることの方がより重要だと考えました。

その後、王様はロバの耳を堂々とあらわにし、民衆の声に耳を傾けながら国を治めました。すると民は、むしろロバの耳を持った人こそ王様だという考えを持って暮らすようになりました。
「ロバの耳の王様、万歳！」

① 웃음거리가 되다「物笑いの種になる」

백성들의 웃음거리가 될 것이 뻔하기 때문에 (p.58, 下から4行目)
民衆の笑いものになるに違いないので

他人から嘲笑や笑いを誘うようなこと、またはそのような人になるという意味です。

［例文］수업 시간에 졸다가 친구들의 웃음거리가 되었다.
授業時間に居眠りして友達の笑い物になった。

② 속이 상하다「気にさわる、心が痛む」

임금님은 매우 속이 상했습니다. (p.58, 下から3行目)
王様は非常に残念に思いました。

頭にきたり、心配になったりして、心が窮屈で憂鬱だという意味の「속상하다」という形容詞もあります。

③ 나랏일을 보다「国事を営む」

임금님은 마음 놓고 나랏일을 보기 시작했습니다. (p.62, 3行目)
王様は安心して国事を始めました。

「나랏일」は国に関すること、主に政治や公的なことを意味します。

④ 속이 답답하다「胸が重苦しい」

그는 말을 할 수 없으니 속이 답답해졌습니다. (p.64, 下から5行目)
彼は話せないので、気が重くなりました。

息が詰まるほど苦しいという意味で、「속」は「가슴 속(胸の中)」を意味します。

⑤ 속이 후련하다「すっきりした」

속이 후련해져서 살 것 같았습니다.（p.66, 3行目）
すっきりして助かったと思いました。

ここでの「속」も④と同じ「가슴 속」の意味です。

⑥ ~의 귀에 들어가다「～の耳に入る」

이 소문은 곧 임금님의 귀에까지 들어갔습니다.（p.66, 下から3行目）
この噂はまもなく王の耳にまで伝わりました。

言葉や話が誰かに伝わるという意味の慣用句です。

⑦ 하늘의 뜻「天の意志」

하늘의 뜻이라고 생각합니다.（p.68, 10行目）
天の意志だと思います。

ここでの「하늘（天）」は、「神」または人間が関与することのできない「超自然的な現象」を意味します。

コラム

『王様の耳はロバの耳』のお話の由来

いわゆる「ロバの耳」説話は、ロバの耳を持つ王に関するお話で、世界中に様々な似たような話が言い伝えられています。

代表的な例として、ギリシャ神話に登場する王ミダスのお話があります。ミダス王は太陽神アポロンの音楽競演を参観した時、アポロンの怒りを買って、ロバのような耳に変えられてしまいました。ミダスは自分の耳を帽子で隠していましたが、床屋さんにだけは見せるしかありませんでした。秘密を守るよう命令された床屋さんは、我慢できず、地面に穴を掘って「ミダス王の耳はロバの耳」と言って、穴をまた覆いました。その後、そこにできた葦の原から「ミダス王の耳はロバの耳」という声が聞こえ始めたというお話です。この物語は、オウィディウスが紀元前1世紀に詠んだ叙事詩『変身物語』に登場します。

韓国では、新羅の第48代・景文王の話として広く伝わっています。このお話は高麗時代に一然（イルヨン）が書いた『三国遺事』に載っています。景文王は耳がロバのように長いことを恥ずかしがっていました。たった一人、彼の帽子を作る人だけがこのことを知っていました。しかし、彼はこの事実を誰にも話すことができずにもどかしがり、死ぬ前に竹林で「王様の耳はロバの耳」と叫びました。この音はその後、風に乗って全国に広がりました。風が吹くたびにこの音が聞こえるため、景文王は竹を切り取って山茱萸（サンシュユ）の木を植えるようにしましたが、その後も「王様の耳は長い」という声が聞こえるようになったといいます。

MP3 4

タニシのお嫁さん

우렁이 색시

D01 옛날 어느 마을에 부모 형제도 없이 외롭게 살아가는 노총각이 있었습니다. 총각은 ①개미처럼 부지런히 일을 해도 살아가는 재미가 없었습니다.

D02 하루는 밭둑에 앉아 한탄을 하며 이런 노래를 불렀습니다.
「이 밭을 갈아서 곡식을 심어 거두면 누구하고 같이 먹고 사나?」

D03 그러자 어디에선가,
「나랑 같이 먹고 살죠.」
하고 예쁜 여자의 목소리가 들려왔습니다. 총각은 깜짝 놀라 주위를 둘러보았지만 아무도 없었습니다.

D04 그래서 한 번 더 노래를 불렀습니다.
「이 밭을 갈아서 곡식을 심어 거두면 누구하고 같이 먹고 사나?」

D05 그러자 또다시,
「나랑 같이 먹고 살죠.」
예쁜 여자의 목소리가 다시금 들려왔습니다.

音読のつぼ

밭을は、連音現象によって[바틀]と発音する。같이は、口蓋音化によってパッチムの音「ㅌ」の後ろに「ㅣ」母音がつくと「ㅊ」と発音されるので、[가치]と発音する。

昔、ある村に、親兄弟もなく寂しく暮らしている未婚の男性が住んでいました。男性は、アリのように勤勉に仕事をしても、生きていく楽しさがありませんでした。

ある日、畑の土手に座って嘆きながら、こんな歌を歌いました。
「この畑を耕して穀物を植えたら、誰と一緒に食べて暮らすの？」

すると、どこかで、
「私と一緒に食べて暮らしましょう」
と、きれいな女性の声が聞こえてきました。男性はびっくりして周りを見回しましたが、誰もいませんでした。

それでもう一度歌を歌いました。
「この畑を耕して穀物を植えたら、誰と一緒に食べて暮らすの？」

すると、もう一度、
「私と一緒に食べて暮らしましょう」
きれいな女性の声がまた聞こえてきました。

D06 「거 참 이상하다. 이 근처에는 아무도 없는데, 누가 내 말에 대답을 한 걸까? 이 우렁이가 대답을 했을 리도 없고……」

D07 ②총각이 혼잣말로 중얼거렸습니다. 그러자,

「제가 대답했어요.」

옆에 있던 우렁이가 아주 작은 소리로 대답했습니다. 총각은 깜짝 놀랐습니다.

D08 「아니, 뭐? 우렁이 네가?」

「저를 데려가 주세요. 저를 물독에 넣어두시면 좋은 일이 생길 거예요.」

D09 우렁이는 아주 작은 목소리로 말했습니다. 총각은 우렁이의 말대로 집에 데려와서 우렁이를 물독에 넣어두었습니다. 다음 날 아침 총각은 아침밥을 먹기 위해 부엌으로 갔습니다. 그런데 부뚜막에 이미 맛있는 밥상이 차려져 있었습니다.

D10 「누가 밥상을 차려놓았지?」

총각은 이상하게 생각했지만 아침밥을 맛있게 먹고 밭으로 일하러 나갔습니다.

音読のつぼ

밭으로は、連音現象によって[바트로]と発音する。

「いやはや、おかしいな。この辺りには誰もいないのに、誰が私の話に答えたのだろうか。 このタニシが答えたはずもないし……」

男性が独り言をつぶやきました。すると、
「私が答えました」
そばにいたタニシが、とても小さな声で答えました。男性はびっくりしました。

「えっ、何？　タニシの君が？」
「私を連れて行ってください。私を水がめに入れておくと、いいことが起きます」

タニシはとても小さい声で言いました。男性は、タニシの言うとおり家に連れてきて、タニシを水がめに入れておきました。次の日の朝、男性は朝ごはんを食べるために台所へ行きました。ところが、かまどにはすでにおいしいお膳が用意されていました。

「誰がお膳を用意しておいたんだ？」
男性は変に思いましたが、朝ごはんをおいしく食べて畑へ働きに出かけました。

D11 밭에서 한참 일을 하고 나니 배가 고팠습니다. 총각은 점심밥을 먹으려고 집으로 돌아왔습니다. 이번에는 점심밥상이 방안에 차려져 있었습니다. 총각은 또 이상하게 생각했지만 맛있게 밥을 먹고 밭으로 일을 하러 나갔습니다. 그 뒤에도 총각의 집에는 언제나 맛있는 밥상이 차려져 있었습니다. 총각은 누가 밥상을 차려놓은 것인지 궁금해서 견딜 수가 없었습니다.

D12 어느 날 총각은 누가 밥상을 차려 놓은 것인지 알아보기 위해 밭일을 일찍 끝내고 집에 돌아와 부엌 뒤에 숨어서 지켜보았습니다. 얼마 후 물독에서 우렁이가 기어 나왔습니다. 우렁이는 곧바로 예쁜 아가씨로 변했습니다. 그러더니 밥을 짓기 시작했습니다. 총각은 깜짝 놀랐습니다. 총각은 살금살금 집안으로 들어가 아가씨 팔을 꽉 붙잡았습니다.

D13 「아가씨, 우렁이 아가씨, 저와 결혼해주세요.」

우렁이 아가씨는 깜짝 놀라 이렇게 말했습니다.

「이러시면 안 됩니다. 아직 때가 아닙니다. 좀 더 기다려주세요.」

音読のつぼ

밭에서は、連音現象によって[바테서]と発音する。밭일は、「ㄴ」添加によって、複合語では先行単語が子音に終わり、後行単語の最初の音節が「ㅣ」なので「ㄴ」を加えて[반닐]と発音する。

畑でしばらく仕事をしたらお腹がすいていました。男性は昼食を食べに家に帰りました。今度はお昼ごはんが部屋の中に準備されていました。男性は、また不思議に思いましたが、おいしくごはんを食べて畑へ働きに出かけました。その後も、男性の家にはいつもおいしいお膳が並べられていました。男性は、誰がお膳を整えたのか気になってたまりませんでした。

ある日、男性は誰が食事を準備したのかを知るために、畑仕事を早く終えて家に帰り、台所の後ろに隠れて見守りました。しばらくして、水がめからタニシが這ってきました。タニシはすぐにきれいなお嬢さんに変わりました。それからご飯を炊き始めました。男性はびっくりしました。男性は、こっそり家の中に入ってお嬢さんの腕をぎゅっとつかみました。

「お嬢さん、タニシのお嬢さん、私と結婚してください」

タニシのお嬢さんはびっくりして、こう言いました。

「こんなことをなさってはいけません。まだその時ではありません。もう少し待ってください」

D14 우렁이 아가씨는 자세한 사정을 이야기했습니다.
「저는 원래 용왕님의 딸이었습니다. 그런데 아버지의 말씀을 거역해서 우렁이가 되어 인간 세상으로 쫓겨났습니다. 기일이 차면 저도 인간이 될 수가 있어요.」

D15 그러나 총각은 그 기일을 기다리지 못하고 ③우렁이 아가씨를 색시로 맞이했습니다. 우렁이 아가씨를 아내로 맞이한 총각은 아주 재미있게 살았습니다.

D16 그러던 어느 날 사또가 사냥을 하러 나왔다가 총각의 집 앞을 지나게 되었습니다. 사또는 아름다운 우렁이 색시를 보자 나쁜 마음이 생겼습니다.

D17 사또는 남편을 불러 이렇게 말했습니다.
「내일 아침에 나와 함께 나무 심기 시합을 하자. 나는 이 산에, 너는 저 산에 나무를 심는 거다. 만약 네가 이긴다면 이 마을 땅의 반을 줄 것이고, 내가 이긴다면 너의 아내를 데려가겠다.」

D18 남편은 사또의 말에 거절을 못하고 근심에 싸였습니다. ④시합을 해보나 마나 질 것이 뻔했기 때문입니다. 사또는 군사들을 불러서 산에 나무를 심도록 할 생각이었습니다.

쫓겨났습니다は、音節の終わりの音のルールと子音同化によって[쫃껴낟씀니다]と発音する。

タニシのお嬢さんは、詳しい事情を話しました。
「私はもともと竜王様の娘でした。ところが、父の言葉に逆らってタニシとなり、人間界に追い出されました。期日が満ちれば私も人間になれます」

しかし男性は、その日を待ちきれずタニシのお嬢さんを嫁に迎えました。タニシのお嬢さんを妻に迎えた男性は、とても楽しく暮らしました。

そんなある日、官吏が狩りに出て、男性の家の前を通り過ぎました。官吏は美しいタニシのお嫁さんを見ると悪い心が生じました。

官吏は夫を呼んでこう言いました。
「明日の朝、私と一緒に植樹試合をしよう。私はこの山に、君はあの山に木を植えるんだ。もし君が勝ったら、この村の土地の半分をあげて、私が勝ったら君の妻を連れて行く」

夫は官吏の話を断りきれず、心配に包まれました。試合をしてみても負けるのが明らかだったからです。官吏は兵士たちを呼んで山に木を植えるつもりでした。

D19 우렁이 색시는 남편에게 가락지를 건네주며 이렇게 말했습니다.
「바닷가에 가서 이 가락지를 물속에 던지세요.」

D20 남편은 우렁이 색시가 말해준대로 바닷물에 가락지를 던졌습니다. 그러자 바다가 양쪽으로 갈라지더니 넓은 길이 나타났습니다. 남편은 그 길을 따라 걸어갔습니다. 한참 가다보니 궁궐이 나타났고, 용왕님이 반갑게 맞이해 주었습니다.

D21 용왕님은 남편의 이야기를 듣고 호리병 하나를 주었습니다.
「그걸 가지고 나무를 심으면 반드시 이길 걸쎄. 부디 내 딸과 행복하게 살게나.」

D22 남편은 용왕님이 건네준 호리병을 들고 집으로 돌아왔습니다. 다음 날 아침, 짐작했던 대로 사또는 수천 명의 군사들을 데려왔습니다.
「자, 이제 시합을 시작하자.」 사또가 말했습니다.

D23 남편은 호리병을 들고 산으로 갔습니다. 나무 심기 시합이 시작되었습니다. 사또의 군사들이 나무를 심기 시작했습니다. 남편은 호리병 뚜껑을 열었습니다. 그러자 호리병 속에서 아주 작은 사람들이 호미를 들고 쏟아져 나왔습니다. 그 사람들은 사또의 군사들보다 훨씬 많았습니다.

タニシのお嫁さんは、夫に指輪を渡しながらこう言いました。
「海辺に行って、この指輪を水の中に投げてください」

夫は、タニシのお嫁さんに言われた通り、海水に指輪を投げました。すると海が両側に割れて広い道が現れました。夫はその道に沿って歩いて行きました。しばらく行ってみると宮殿が現れ、竜王が喜んで迎えてくれました。

竜王は夫の話を聞いて、ひょうたんを１つくれました。
「それで木を植えれば、きっと勝つよ。どうか私の娘と幸せに暮らしなさい」

夫は竜王が渡したひょうたんを持って、家に帰ってきました。翌朝、予想通りに官吏は数千人の兵士たちを連れてきました。
「さあ、これから試合を始めよう」官吏が言いました。

夫は、ひょうたんを持って山へ行きました。植樹試合が始まりました。官吏の兵士たちが木を植え始めました。夫は、ひょうたんのふたを開けました。すると、ひょうたんの中から、とても小さな人たちが、草刈り鎌を持ってどっと出てきました。その人々は官吏の兵士たちよりずっと多かったのです。

D24 밖으로 나온 그들은 금세 어른이 되었습니다. 사또의 군사들이 나무를 반 쯤 심었을 무렵, 이쪽 산은 이미 나무 심기가 끝났습니다. 그러자 그 사람들이 다시 작아져서 모두 호리병 속으로 사라졌습니다.

D25 ⑤시합에 진 사또는 분해서 어쩔 줄을 몰랐습니다.

「이번에는 말 타기 시합을 하자!」

사또는 다음 날 아침에 말을 타고 강 건너에 있는 언덕까지 달리기 시합을 하자고 말했습니다.

D26 하지만 남편은 말을 탈 줄 몰랐습니다. 이번에도 우렁이 색시는 남편에게 가락지를 주며 바닷물 속에 던지라고 일러주었습니다. 남편은 우렁이 색시가 시킨 대로 또다시 가락지를 바닷물 속에 던졌습니다.

D27 용왕님은 남편에게 말 한 필을 주었습니다.

「그 말은 내가 타는 천리마일세. 천 리를 눈 깜짝 할 사이에 달릴 수 있지.」

밖으로は、連音現象によって[바끄로]と発音する。

外に出てきた彼らはすぐ大人になりました。官吏の兵士たちが木を半分植えた頃、こちらの山はもう植樹が終わりました。すると、その人たちは、また小さくなって、みんなひょうたんの中に消えました。

試合に負けた官吏は悔しくてしかたがありませんでした。
「今度は馬乗り試合をしよう！」
官吏は、翌朝、馬に乗って対岸の丘までかけ比べをしようと言いました。

しかし、夫は馬に乗ることができませんでした。今回もタニシのお嫁さんが夫に指輪を渡しながら、海水の中に投げなさいと教えてくれました。夫はタニシのお嫁さんに言われた通りに、またもや指輪を海水の中に投げました。

竜王は夫に１頭の馬を与えました。
「その馬は私が乗る千里馬だ。千里を瞬く間に走れるよ」

D28

남편은 용왕님이 건네준 ⑥말을 타고 눈 깜짝할 사이에 집으로 돌아왔습니다. 다음 날 사또와 말타기 시합이 시작되었습니다. 천리마 덕분에 또다시 남편이 시합에서 이겼습니다. 다시 시합에서 진 사또는 세 번째 시합을 청했습니다.

D29

「이번에는 배를 타고 바다를 달리는 시합을 하자!」

사또는 이 나라에서 제일 빠른 배 한 척을 구해왔습니다. 남편은 용왕님에게 조각배 한 척을 얻어왔습니다.

D30

다음 날 아침 시합이 시작되자 ⑦조각배는 날개가 달린 듯이 달렸습니다. 그런데 사또가 탄 배는 풍랑이 일어 제대로 달리지도 못하고 뒤집혀 버렸습니다. 사또는 배와 함께 자취도 없이 사라져 버렸습니다.

D31

이 소식을 들은 백성들은 우렁이 색시의 남편을 새로운 사또로 모셨습니다. 그 후로 우렁이 색시와 남편은 오래오래 행복하게 살았습니다.

뒤집혀は、激音化によってパッチム「ㅂ」は後ろに付く「ㅎ」と合わせて「ㅍ」と発音されるので、[뒤지펴]と発音する。

夫は竜王が渡してくれた馬に乗って、あっという間に家に帰ってきました。翌日、官吏と馬乗り試合が始まりました。千里馬のおかげで、また夫が試合に勝ちました。もう1度試合に負けた官吏は3度目の試合を求めました。

「今度は船に乗って海を走る試合をしよう！」

官吏はこの国で一番早い船を1隻探してきました。夫は竜王から小舟を1隻もらってきました。

翌朝、試合が始まると小舟は羽が生えたように走りました。ところが、官吏が乗った船は波風が立ってろくに走ることもできず、ひっくり返ってしまいました。官吏は船とともに跡形もなく消えてしまいました。

この知らせを聞いた民衆は、タニシのお嫁さんの夫を新しい官吏として迎えました。その後、タニシの花嫁とご主人は、いつまでも幸せに暮らしました。

① 개미처럼 일하다「アリのように働く」

개미처럼 부지런히 일을 해도 (p.74, 2行目)
アリのように勤勉に仕事をしても

「アリとキリギリス」というお話があるように、アリは勤勉に働く昆虫を代表して、このような意味に使われます。

② 혼잣말로 중얼거리다「独り言をつぶやく」

총각이 혼잣말로 중얼거렸습니다. (p.76, 3行目)
男性が独り言をつぶやきました。

「중얼거리다」は、他人が聞き取れないほど小さく低い声で独り言を言うという意味です。

③ 색시로 맞이하다「嫁に迎える」

우렁이 아가씨를 색시로 맞이했습니다. (p.80, 5行目)
タニシのお嬢さんを嫁に迎えました。

「結婚する」「花嫁として受け入れる」という意味です。

④ 해보나 마나「やってもやらなくても」

시합을 해보나 마나 질 것이 뻔했기 때문입니다. (p.80, 下から3行目)
試合をしてみても負けるのが明らかだったからです。

やらなくても結果が明らかにわかる時に使います。

⑤ 분해서 어쩔 줄을 모르다「悔しくてたまらない」

시합에 진 사또는 분해서 어쩔 줄을 몰랐습니다.（p.84, 5行目）
試合に負けた官吏は悔しくてしかたがありませんでした。

「분하다」というのは、悔しい思いをして怒ってやりきれないという意味です。日本語の「悔しい」よりもっと相手に対する恨みがこもっています。

⑥ 눈 깜짝 할 사이에「あっという間に」

말을 타고 눈 깜짝 할 사이에 집으로 돌아왔습니다.（p.86, 1行目）
馬に乗って、あっという間に家に帰ってきました。

直訳すると「まばたきするくらいの間に」で、非常に短い瞬間を意味する慣用句です。

⑦ 날개 달린 듯「羽が生えたように」

조각배는 날개가 달린 듯이 달렸습니다.（p.86, 下から7行目）
小舟は羽が生えたように走りました。

「とても速く」という意味の慣用句です。

コラム

韓国の未婚男女の呼称

あるアンケート調査によると、韓国の未婚男女が最も聞きたくない呼称として、男性は「おじさん（아저씨）」、女性は「おばさん（아줌마）」が１位を占めたそうです。結婚した男女を指す「아저씨」、「아줌마」という呼び方は、韓国で「年老いた」「つまらない」「過激」などの否定的なイメージがある単語なので、日常生活で使うと相手に対して失礼になるかもしれないため注意が必要です。

韓国で、結婚前の女性は「계집아이」、「아가씨」、「소녀」、「처녀」、「숙녀」と呼ばれます。「家にいる子」という意味の「계집아이」は、略して「계집애」とも言います。妊娠する可能性のある成人未婚女性のことは、「아가（赤ちゃん）」と「씨（種）」を合わせて「아가씨」と呼びますが、これは比較的新しく作られた言葉です。「소녀（少女）」は女の子を、「처녀（処女）」は未婚の成年女性を意味し、「숙녀（淑女）」は「窈窕淑女（ようちょうしゅくじょ）」という言葉から生まれました。

男性は「소년」から「청년」に変わり、「총각」になって結婚をします。「소년（少年）」とは、少女に対する言葉ですが、若い男または青年になる直前の子を言います。「청년（青年）」とは、成人になった男性または結婚しない男性という意味です。「총각（チョンガー）」は語源から「結婚ができなくて髪の毛を結って伸ばした男」という意味で、かつての朝鮮では独身男性が三つ編みお下げの髪型だったことから、結婚適齢期の男性のことを指します。

MP3
5
三年峠のおじいさん
삼 년 고개 할아버지

E01 옛날 어느 마을에, 넘어지면 삼 년밖에 못 산다는 무서운 전설이 전해 내려오는 고개가 있었습니다. 사람들은 이 고개를 '삼 년 고개' 라고 부르며, 고개를 넘을 때마다 넘어지지 않으려고 조심하고 또 조심했습니다.

E02 그런데 어느 날 꼬부랑 할아버지가 아랫마을에서 볼 일을 마친 후 막걸리 한 사발을 마시고 기분 좋게 집으로 돌아가고 있었습니다. 삼 년 고개에 이르자 할아버지는 바싹 긴장을 하고 천천히 걸어 올라갔습니다.

E03 하지만 ①얼큰하게 취하니 점점 긴장이 풀어지면서 그만 고개에서 넘어지고 말았습니다.

「아뿔싸!」

E04 다행히 다친 곳은 없었습니다. 그러나 할아버지는 고개에 앉아서 일어서지를 못했습니다. 할아버지는 한숨을 길게 내쉬었습니다. 얼굴이 창백해지면서 심장이 쿵쾅쿵쾅 뛰었습니다.

「이런 낭패가 있나. 이제 나는 삼 년밖에 못 살겠구나.」

音読のつぼ

아랫마을は、音節の終わりの音のルールと子音同化によって[아랜마을]と発音する。

昔ある村に、転んだら３年しか生きられないという恐ろしい伝説が伝えられてきた峠がありました。人々はこの峠を「三年峠」と呼び、峠を越えるたびに転ばないように用心し、気をつけました。

ところがある日、腰の曲がったおじいさんが下の村で用事をすませた後、どぶろくを一杯飲んで気持ちよく家へ向かっていました。三年峠に着くと、おじいさんはすっかり緊張してゆっくり歩いて上りました。

しかし、酔いがまわるとだんだん緊張がほぐれてきて、つい峠で転んでしまいました。

「しまった！」

幸い怪我はありませんでした。しかし、おじいさんはそこに座って立ち上がることができませんでした。おじいさんはため息を長くつきました。顔が青白くなり、心臓がドキドキしました。

「こんな困ったことがあるだろうか。もう私は３年しか生きられないんだな」

E05 할아버지는 한숨만 쉬다가 간신히 집으로 돌아왔습니다. 할머니가 할아버지의 표정을 살피면서 물었습니다.

「영감, 무슨 일이 있었나요?」

「어이구……」

E06 할머니는 아들의 얼굴을 쳐다보면서 고개를 갸우뚱했습니다. 할아버지는 마루에 걸터앉은 채 담배 한 대를 피워 물었습니다. 할아버지는 크게 한숨을 쉬더니 ②할머니와 아들에게 겨우 말문을 열었습니다.

E07 「글쎄, 아랫마을에 갔다 돌아오다가 삼 년 고개에서 그만 넘어지고 말았지 뭐냐. 대체 이 일을 어떻게 하면 좋단 말이냐.」

E08 할아버지는 내일 당장 죽을 사람처럼 엉엉 울기 시작했습니다. 그 말을 들은 할머니와 아들, 며느리가 모여 눈물을 흘렸습니다. ③할아버지는 그날부터 몸져 누웠고 식구들은 모두 눈물로 하루하루를 보냈습니다. 아들은 아버지의 병을 고치기 위해 의원을 부르고 약을 지어왔습니다. 그러나 마음의 병이 든 할아버지는 백약이 무효였고, ④어떤 의원도 그 병을 다스릴 수 없었습니다.

音読のつぼ

걸터앉은は、二重パッチムの連音現象によって[걸터안즌]と発音する。

おじいさんは、ため息ばかりついて、やっと家に帰ってきました。おばあさんが、おじいさんの表情をうかがいながら尋ねました。

「あなた、何かありましたか」

「ああ……」

おばあさんは息子の顔を見ながら首をかしげました。おじいさんは床に腰かけたまま、タバコを１本吸いました。おじいさんは大きくため息をつくと、おばあさんと息子にやっと口を開きました。

「はてさて、下の村に行って帰ってくる途中、三年峠でうっかり転んでしまったんだ。一体、これはどうすればいいんだ」

おじいさんは、明日死ぬ人のようにわあわあ泣き始めました。それを聞いたおばあさんや息子、嫁が集まって、涙を流しました。おじいさんはその日から寝込み、家族は皆涙で一日一日を過ごしました。息子は父の病気を治すために医者を呼んで、薬を作ってきました。しかし、心を病んだおじいさんは百薬が効かず、どの医者もその病気を治すことができませんでした。

E09 소문을 들은 마을 사람들도 날마다 병문안을 오면서 안타까워했습니다. 하지만 할아버지의 마음의 병은 나날이 깊어갔습니다. 그러던 어느 날 이웃에 사는 할아버지의 친구가 어린 손자를 데리고 병문안을 왔습니다. 두 할아버지의 대화를 듣고 있던 어린 손자가 병석에 누워 있는 할아버지에게 물었습니다.

E10 「할아버지, 어디가 아프신 거예요?」

「글쎄, 내가 삼 년 고개에서 넘어졌지 뭐냐. 이제 삼 년밖에 못살게, 되었으니 점점 기력이 없어져서 일어나지를 못한단다. 이 일을 어쩌면 좋으냐.」

E11 할아버지의 눈에 눈물이 맺혔습니다. 그 말을 들은 어린 손자가 곰곰이 생각하더니 손뼉을 치며 이렇게 말했습니다.

「할아버지, 제가 할아버지의 병을 고쳐드릴게요. 어서 일어나셔서 저와 같이 가요.」

音読のつぼ

맺혔습니다は、激音化、音節の終わりの音のルール、子音同化によって[매쳗씀니다]と発音する。

うわさを聞いた村人たちも、毎日お見舞いに来て気の毒に思っていました。しかし、おじいさんの心の病は、日に日に深まっていきました。そんなある日、隣に住むおじいさんの友人が幼い孫を連れてお見舞いに来ました。２人のおじいさんの会話を聞いていた幼い孫が、病床に臥しているおじいさんに尋ねました。

「おじいさんはどこが悪いのですか？」

「そうだな、おれは三年峠で転んだんだ。もう3年しか生きられなくなったから、だんだん気力がなくなって起き上がれないんだよ。このことをどうすればいいのか」

おじいさんの目に涙が浮かびました。それを聞いた幼い孫がよくよく考えて、手をたたきながらこう言いました。

「おじいさん、私がおじいさんの病気を治してさしあげます。早く起きて私と一緒に行きましょう」

E12 어린 손자는 할아버지를 모시고 삼 년 고개로 갔습니다.

「아이고, 나는 이제 삼 년 고개가 너무 무섭다. 한 번 넘어졌으니 또다시 넘어지면 나는 죽고 말 거다.」

할아버지는 고개를 절레절레 흔들었습니다.

E13 「할아버지, 한 번 넘어지면 삼 년을 살 수 있지만, 두 번 넘어지면 6년을 살고, 세 번 넘어지면 9년을 살고, 열 번을 넘어지면 30년을 살 수 있잖아요.」

그 말을 들은 할아버지의 얼굴에서 걱정이 사라지고 밝은 웃음이 활짝 피었습니다.

E14 「오호라, 내가 괜한 걱정을 했구나. 당장 가서 빨리 넘어져야겠다.」

할아버지는 삼 년 고개에서 한 번, 두 번, 세 번을 넘어지고 일어나 곧 데굴데굴 굴렀습니다. 할아버지는 달이 떠올 때까지 계속 삼 년 고개에서 넘어졌습니다. 할아버지는 마음이 놓였습니다.

音読のつぼ

밝은 웃음이は、連音現象によって[발근 우스미]と発音する。놓였습니다は、「ㅎ」脱落、音節の終わりの音のルール、子音同化によって[노엳씀니다]と発音する。

幼い孫はおじいさんを連れて、三年峠に行きました。
「ああ、私はもう三年峠がとても怖い。一度転んだから、また転んだら私は死んでしまう」
おじいさんは首を横に振りました。

「おじいさん、１度転んだら３年生きられるけれど、２度転んだら６年生き、３度転んだら９年生き、10回転んだら30年生きられるじゃないですか」
それを聞いたおじいさんの顔から心配事が消え、明るい笑顔がぱあっと広がりました。

「ああ、私は余計な心配をしたんだ。すぐに行って、早く転ばないと」
おじいさんは三年峠で１回、２回、３回と転んでは起きて、すぐごろごろ転がりました。おじいさんは月が出るまでずっと三年峠で転びました。おじいさんは安心しました。

E15 어느새 삼 년이 지났습니다. 어느 날 할아버지가 아랫마을에 갔다 돌아오는 길에 그만 돌부리에 걸려 또다시 삼 년 고개에서 넘어졌습니다.

「어이쿠, 삼 년 고개에서 벌써 50번을 넘어졌으니 앞으로 150년은 더 살겠구나. ⑤이러다가는 거북이보다 더 오래 살겠네. 하하하.」

E16 할아버지는 벌떡 일어나 할머니가 기다리는 집으로 향했습니다. 할아버지의 소문을 들은 마을 사람들도 삼 년 고개에서 여러 번 넘어졌습니다. 그 후로 삼 년 고개에서는 쿵쿵, 데굴데굴 구르는 소리가 끊이지 않았습니다. 그렇게 해서 삼 년 고개는 장수 고개가 되었다고 합니다.

音読のつぼ

돌부리は、硬音化によって「ㄹ」の後ろに「ㅂ」がつくと「ㅃ」と発音されるので、[돌뿌리]と発音する。

いつの間にか３年が過ぎました。ある日、おじいさんが下の村に行ってきた帰り道に、うっかり石につまずいて、また三年峠で転びました。

「わあっ、三年峠ですでに50回も転んだのだから、これから150年はさらに生きられるだろうな。このままでは亀よりもっと長生きするだろう。はっはっはっ」

おじいさんは、すっくと立ち上がっておばあさんの待つ家へ向かいました。おじいさんのうわさを聞いた村人たちも三年峠で何度も転びました。それ以来、三年峠にはどすんどすん、ごろごろと転がる音が絶えません。そのようにして三年峠は長寿峠になったそうです。

① 얼큰하게 취하다「ほろりと酔う」

얼큰하게 취하니 점점 긴장이 풀어지면서 (p.92, 下から7行目)
酔いがまわるとだんだん緊張がほぐれてきて

「얼큰하다」は、辛くて口の中が少しひりひりするという意味ですが、酒に酔って意識が少しおぼろげな状態を表現することもあります。

② 말문을 열다「口を切る」

할머니와 아들에게 겨우 말문을 열었습니다. (p.94, 7行目)
おばあさんと息子にやっと口を開きました。

直訳すると「言葉の扉を開く」という意味で、口を開いて話し始めるという意味の慣用句です。

［例文］놀라운 소식에 말문이 막혔다.
驚きの知らせに二の句が継げなかった。

③ 몸져 눕다「寝込む」

할아버지는 그날부터 몸져 누웠고 (p.94, 下から5行目)
おじいさんはその日から寝込み

病気や痛みがひどくて横になっている状態です。

④ 병을 다스리다「病気を治す」

어떤 의원도 그 병을 다스릴 수 없었습니다. (p.94, 下から1行目)
どの医者もその病気を治すことができませんでした。

病気を「治める」という意味で「다스리다」という動詞を使います。

⑤ 거북이보다 오래 살다「亀より長生きする」

이러다가는 거북이보다 더 오래 살겠네.（p.100, 5行目）
このままでは亀よりもっと長生きするだろう。

代表的な長寿動物の「거북이（亀）」にちなんで、長生きするという意味で使われます。

コラム

日本と韓国の昔ばなし

日本と韓国の昔ばなしは、お互いよく似ています。中国とともに東アジアの漢字文化圏に属する三国は、口から口へと伝わる説話の特性から、1つの物語に由来し、次第に変形していくケースが多いのです。

この『三年峠のおじいさん』だけではなく、『鶴の恩返し』のようなお話は、日本と韓国にほぼ同じ形で伝わっています。物語のテーマにおいても、善行をした人は福を受け、悪事をした人は罰を受けるという勧善懲悪のストーリー構造を持っています。

また、動物が登場することも頻繁にあります。韓国では日本ではあまり見ない「虎」が、日本では韓国には生息しない「サル」がよく登場する点が興味深いです。「鬼」も顔や形は違いますが、日本と韓国の昔ばなしによく登場する素材です。

比較してみると、日本の場合、生まれつきの欠点や様々な苦難に立ち向かってこれを克服していく主人公の物語（『桃太郎』、『一寸法師』など）が多い一方、韓国の昔ばなしには、心根の優しい人には自然と福が与えられるというお話（『日と月になった兄妹』、『タニシのお嫁さん』など）が多いことが特徴のようです。

ワードリスト

ㄱ

□ **가락지** 指輪
□ **가죽** 皮革
□ **간신히** 辛うじて
□ **갸우뚱** かしげる
□ **거북이** カメ
□ **거울** 鏡
□ **거절** 断り、拒絶
□ **거짓말** 嘘
□ **걱정** 気苦労
□ **걸터앉다** 腰を掛ける
□ **고생** 苦労
□ **곡식** 穀物
□ **광주리** かご
□ **구르다** 転がる
□ **구슬프다** もの悲しい
□ **궁궐** 御殿
□ **그리워하다** 慕う
□ **그물** 網目
□ **근심** 憂い
□ **기구하다** 数奇だ
□ **기력** 気力
□ **기억** 記憶
□ **기일** 期日
□ **까닭** 訳、理由
□ **깔깔 웃다** からから笑う
□ **꼬리** しっぽ
□ **꼬부랑 할아버지** 腰の曲がったおじいさん
□ **꼬불꼬불** くねくね
□ **꾀** 知恵
□ **꿀꺽** ごくりと

ㄴ

□ **나랏일** 国事
□ **나무꾼** 木こり
□ **나뭇가지** 木の枝
□ **낚시** 釣り
□ **낭패** 狼狽
□ **낯설다** 見慣れない
□ **넉넉하다** 豊かだ
□ **노총각** 婚期を過ぎた独身男性
□ **눈물** 涙
□ **눈이 부시다** 目がまぶしい
□ **눈치** 気色

ㄷ

□ **당나귀** ロバ
□ **당부하다** 頼む
□ **대나무** 竹
□ **덕망** 徳望
□ **덥석** ぱくりと
□ **덩실덩실** ふわふわ
□ **데굴데굴** ゴロゴロ
□ **도끼** 斧
□ **돌부리** 石の角
□ **동아줄** 太くて丈夫な縄
□ **두건** 頭巾
□ **두리번거리다** きょろきょろする
□ **들기름** えごま油
□ **땀** 汗

ㅁ

□ **마루** 床
□ **막걸리** どぶろく、マッコリ
□ **맹세하다** 誓う

□ 맹수 猛獣
□ 맺히다 結ばれる
□ 멧돼지 イノシシ
□ 며느리 嫁
□ 목이 쉬다 声が掠れる
□ 무덤 墓
□ 문고리 引き手
□ 문틈 戸のすき間
□ 물독 水がめ

ㅂ

□ 바스락 かさかさ
□ 발바닥 足の裏
□ 밤새도록 一晩中
□ 밥상 お膳
□ 밭둑 畑の土手
□ 백성 百姓
□ 버드나무 ヤナギ
□ 병문안 お見舞い
□ 병석 病床
□ 보름 半月
□ 봉양하다 養う
□ 부뚜막 かまど
□ 부엌 台所
□ 분하다 悔しい
□ 불효 不孝
□ 붉은 빛 赤み

ㅅ

□ 사냥 猟
□ 사슴 鹿
□ 산골 山奥
□ 산짐승 山の獣
□ 살금살금 こそこそ
□ 살림 暮し向き
□ 상감마마 王様（尊称）
□ 서늘하다 涼しい
□ 섬뜩하다 ぞっとする
□ 소문 うわさ
□ 소화 消化
□ 손뼉 手拍子
□ 손이 트다 手があかぎれになる
□ 손자 孫子
□ 수수밭 キビ畑
□ 습격 襲撃
□ 시름시름 앓다 長く患う

ㅇ

□ 아득하다 遥かだ
□ 아뿔싸 しまった
□ 약속을 어기다 約束を破る
□ 어슬렁어슬렁 のそのそ
□ 언덕 丘
□ 여행 旅行
□ 오누이 兄妹
□ 오솔길 小道
□ 옷소매 服の袖
□ 옷자락 裾
□ 용왕 竜王
□ 우렁이 タニシ
□ 우물 井戸
□ 우애 友愛
□ 운명 運命
□ 위엄 威厳
□ 의원 医者
□ 이마 額

ワードリスト

ㅈ

□ **자취** 跡形
□ **잔치** 宴
□ **잠자리** 寝床
□ **장인** 職人
□ **전설** 伝説
□ **정성껏** 誠意をつくして
□ **정적** 静寂
□ **조각배** 小舟
□ **지게** 背負子
□ **짐승** 獣

ㅊ

□ **참기름** ごま油
□ **채비** したく
□ **처벌하다** 罰する
□ **천리마** 千里馬

ㅋ

□ **쿵쾅쿵쾅** ドキドキ

ㅌ

□ **토끼** 兎

ㅍ

□ **포효** 咆哮
□ **표정** 表情
□ **품** 胸、ふところ
□ **품팔이** 手間仕事
□ **풍랑** 波風
□ **피식** にやりと

ㅎ

□ **한숨** 吐息
□ **형제** 兄弟
□ **호들갑** そそっかしくふるまうこと
□ **호랑이** 虎
□ **호리병** ひょうたん
□ **호미** 草刈り鎌
□ **혼잣말** 独り言
□ **홀어머니** 未亡人
□ **홈** 溝
□ **황소** 雄牛
□ **효도** 親孝行
□ **효심** 孝心
□ **흠칫 놀라다** びくっとする

한국어로 읽는 한국의 옛날이야기
韓国語で楽しむ韓国昔ばなし

2021年 7月 4日　第1刷発行

著　　者　キム・ヒョンデ

発 行 者　浦　晋亮

発 行 所　IBCパブリッシング株式会社
〒162-0804 東京都新宿区中里町29番3号 菱秀神楽坂ビル9F
Tel. 03-3513-4511　Fax. 03-3513-4512
www.ibcpub.co.jp

印 刷 所　株式会社シナノパブリッシングプレス

CDプレス　株式会社ケーエヌコーポレーションジャパン

ISBN978-4-7946-0666-2